71歳、74歳夫と
97歳義母と

大人だけで楽しく暮らす

ものはずみ

はじめに

こんにちは、もののはずみです。私は71歳の専業主婦です。97歳の義母、74歳の夫、46歳の息子と4人で暮らしています。ユーチューブは小学生の孫が動画を配信しているのを見て、3年前から始めました。

さも簡単に始めたかのようにいいましたが、当時はユーチューブという言葉すら知らず、孫に説明されてもよくわかりませんでした。夫が夢中になっているのを横目で見て、正直呆れていたほど。「ユーチューブってナニ?」。そう、私は根っからのデジタル音痴なのです。

ですが同時に、根っからの新しいもの好きでもあります。写真もまともに撮れないのに、動画づくりに興味をもってしまいました。動画撮影なんて絶対に無理と思っていても、「やってみたい！」という気持ちを抑えられません。スマホのカメラボタンを押して、「えいやっ！」と撮ったものが、『もののはずみ』の第1話となりました。

ユーチューブでは、おもに私の日常を配信しています。私はふだん、食事の支度や掃除など、家の仕事を一手に担っています。義母のかかりつけ医の往診や病院のつき添い、ケアマネージャーとのやり取りなど、そのときどきで必要なら一緒にいるようにしています。夫とはＤＩＹでものづくりをしたり、ふたりで楽しめる運動に挑戦したり。息子は仕事が忙しく、たまの休日に一緒に食事をするのが楽しみです。

家の雰囲気が暗いときや家族に元気がないときは、料理に変化をつけたり、部屋を飾ったりと、できる範囲で工夫をします。いいことを思いついたら、すぐ行動に移し、失敗しても気にしません。はじめてのことはワクワクし、やっている間じゅう楽しめます。しょんぼりしても、はつらつとしても、時間は同じように過ぎていくなら、明るいほうがいい。どうせ生きるなら、明るく前向きに過ごしたいのです。

この本では、日々の料理や家事を通して、家族で楽しく暮らすちょっとしたコツをご紹介しています。といっても、キラキラと輝くような洗練された暮らしではありません。わが家は古く、料理の食材や収納用品もどこでも手に入るふつうのものばかり。平凡な生活の気楽さを感じていただければ幸いです。

私のこと

97歳の義母と家族4人暮らし

24歳で結婚し、夫の地元でふたり暮らしを始め、翌年に長男が生まれました。家事を担うのははじめてで、なんと、当時の私はみそ汁のつくり方すら知らなかったのです。

その後長女を妊娠中に、義姉と揚げ物屋を開店。揚げ物屋の仕事はやりがいがあり、市場の一角に構えたお店が生活の中心になりました。お店は、阪神淡路大震災の年まで17年間も続いたのですよ。

29歳のときに義父母との同居が始まり、二女を出産。ちょうど揚げ物屋で忙しく働いていた頃だったので、二女は完全におばあちゃんっ子。放任主義とは親の勝手な言い分ですが、周囲に助けられてなんとか3人の子どもを育てました。

29年前に義父を見送り、今は義母、夫、長男との4人暮らし。今年で義母は97歳、私は71歳になります。

71歳、シニアですがビミョーな年頃

シニア世代とは一般に65歳以上を指すらしいのですが、そういわれてもピンとこず、自分ではまだまだ若いつもりでいます。

ですが、体にガタがきているのも、もちろん気づいています。ここ数年、これまでと同じことをしていても、リカバリーに時間がかかるようになりました。無理は禁物。少しでも体の負担をやわらげようと、できることから始めています。

そのひとつがカートデビューです。毎日の買い物で肩にかついだ荷物が重く、肩が痛むように。「カートはまだ先」と心の準備ができていなかったので、それっぽく見えないものを探しました。安定性を求めれば4輪なのですが、デザインを優先して2輪に。中に入れる袋もディーン＆デルーカのクーラーバッグを合わせました。導入して正解。肩がぐんとラクに。なんでも試してみるものですね。

気分のいい朝は
サンドイッチをつくります

家族がいうには、私は料理に気分が表れるそうです。ちょっと気分のいい朝は、決まってサンドイッチ。薄い卵焼き入りで、今ではすっかりわが家の定番になりました。

17年間揚げ物屋をやっていたせいか、料理をつくるのも食べるのも好き。夫はなんでも「おいしい」と食べてくれる人なので、助かっています。献立に悩むことはあっても、「つくりたくない」と思うことはあまりありません。

毎日の食事を楽しむために、新しい料理にも挑戦しています。スーパーでは調味料売り場に立ち寄り、○○の素やミックススパイスのラベルを見て、家にあるもので代用できそうならつくってみます。また、輸入食材店へもよく足を運び、人気商品を試し買い。最近では、冷凍のマリトッツォにハマりました。

一日にひとつ、ワクワクする体験を

夫はときどき仕事の手伝いで出かけますが、義母と私は一日の大半を家で過ごします。長男は早朝に出かけるので、日中家の中は静かなもの。私がパタパタと駆け回る足音が家に響きます。

いつもは10時頃までに掃除や洗濯をすませます。あれこれと工夫するのが好きで、流行の家事ワザを試したり、便利グッズを導入したり。料理は一日三度つくりますが、後片づけを終えたらキッチンを離れ、たまっている家仕事や好きなことをして過ごします。

植物の世話や模様替え、裁縫、ＤＩＹ、写真の整理……。ユーチューブの動画撮影やコメントを見るのも楽しいひとときです。ときには外出し、大好きな１００円ショップや雑貨屋さん、輸入食材店をパトロール。一日のどこかでワクワクする瞬間があれば、楽しい日々を送れます。

一日の過ごし方

5:30	起床。息子にコーヒーをいれたあと、再びベッドへ
7:00	起床。換気とベッドメーキング。朝食づくり
7:30	朝食
8:00	ごみ出し、洗濯（二日に1回）、掃除
9:30	ソファでひと息。ユーチューブのコメントをチェック
10:00	動画を撮影（撮影のない日は自由時間）
11:30	昼食づくり
12:00	義母、夫と3人で昼食
13:00	再び撮影
14:30	動画のチェック
15:00	コーヒータイム
16:00	夕食の買い物
17:00	お気に入りのCDをかけて夕食づくり
18:00	夕食
19:30	義母の足や背中をマッサージし、保湿剤を塗布
20:00	テレビ観賞や軽い運動。入浴後、ソファで仮眠
22:30	息子が帰宅後、夕食の支度
23:00	寝室でリラックス。音楽を聞きながら日記をつけ、就寝

目次

第1章

アイデアとひらめきで、つくる人も楽しいご飯に

第2章 収納と家事の工夫で、部屋をすっきり安全に

第3章 日々楽しく過ごすための、心と体の整え方

第4章 家族がお互いHAPPYでいられる心がけ

第5章 「これから」を明るく生きる、準備と計画

大人暮らしのルール／1

始める意味を考えない

「なんだか楽しそう！」

孫のユーチューブを見てそう思ったのは68歳のとき。前年にスマホデビューを果たしたばかりでした。2カ月後には見様見真似でチャンネルを開設。今年で4年目を迎え、約6万人の登録者さんに見ていただいています。ありがたいことです。「デジタル音痴でもできた！」という達成感はうれしく、今ではユーチューブが生きがいに。

何かを始めるときに、「なんの意味があるの？」「失敗したらどうしよう？」なんて、あまり考えません。人から見たらくだらないことかもしれませんが、「やってみたい！」という自分の気持ちを大事にします。

年齢を重ねるとできないことが増えるので、「私にもできた！」と実現したときの喜びはひとしお。「次は何をやろう？」と考えている時間も楽しい。

こんなふうに好きなことばかり考えていると、悪いことを考えずにすむ。だから、ポジティブ思考でいられるのかな、と思います。

大人暮らしのルール／2

「できばえ」は気にしない

新しいことを始めるときは、身近なものを使って、無理のない範囲でチャレンジするようにしています。行動に移すことが大事で、成功するかどうかは二の次。自分が「やりたいことをする」のが目的で、それが叶えば満足なのです。

たとえば、100円の雑貨で部屋を飾ったり、新作料理を試作したり、ハーブを栽培したり……。そんなささやかなことです。大がかりなものや高価なものに、ドキドキして手を出すことはしません。そうすると、無意識に成果を期待してしまいがち。失敗してもダメージが少ないと思うから、思いきってチャレンジできるのです。

好きなことに夢中になっていると、人目は気にならないもの。他人を意識すると自分と比較してしまって、できばえが気になります。でも私の目的は「やりたいことをする」。成果はオマケのようなものです。やっている間はワクワクし、充実した時間を過ごせるのが楽しいのです。

大人暮らしのルール／3

好奇心に従う

カフェであれ、洋服屋さんであれ、人で賑わっているお店はのぞいてみることにしています。「何が人気なの!?」「どんなものを売っているの!?」と想像するだけでワクワク。たとえカフェのメニューがちんぷんかんぷんであっても、一度は注文してみたいのです。

年を重ねると、自分のスタイルができ上がってきます。家事のやり方もファッションも自分なりの正解を見つけて、ラクなのですが、それだとちょっとつまらない。刺激を求めているのかもしれません。

好奇心の赴くままに行動すると、「もう年だから」「年がいもなく」などという考えが薄れ、純粋に目の前のものに夢中になれます。「はじめて」は、わからないからおもしろい。「はじめて」に触れることで、いろんな発見があり、新鮮な気持ちに。考え方が柔軟になり、「こうしなきゃ」から解放されて、自由な気持ちになります。

大人暮らしのルール／4

暮らしに小さな変化を

雛祭りや端午の節句、クリスマス……。子どもが幼いうちは何かにつけて家族が集まり、みんなでお祝いしていました。幼稚園や小学校から持ち帰った雛人形や鯉のぼり、クリスマスツリーが、いいきっかけになっていたのです。

でも、子どもが成長してからは、その機会がすっかり減少。大人世帯は毎日同じことの繰り返しで、暮らしが単調になりがちです。

そこで、自分からイベントを祝うようにしました。飾りつけやパーティ料理を工夫するのは楽しく、義母や夫も「今日はなんの日だっけ⁉」と喜んでくれます。献立や食卓に変化がついて、マンネリ化も防げます。昔ながらの日本の行事は一年通して楽しめるので、ちょうどいいのです。

季節感も暮らしに変化をもたらしてくれます。家庭菜園で野菜やハーブを育てたり、衣類や寝具を入れ替えたり……。季節の到来が暮らしによいリズムを刻んでくれます。

大人暮らしのルール／5

先の不安を考えすぎない

43歳でそれまで切り盛りしてきたお店を閉め、主婦業に専念しました。はじめは何をやってもつまらなく、なんともいえないむなしさに襲われました。今から思えば、仕事に注いでいたエネルギーをうまく発散できず、自分を持て余していたのです。

ひとりで部屋にこもり、しばらくしてキッチンに下りたとき、家の中がどんよりと暗くなっていることに気づきました。私のふるまいひとつで、家の空気が変わる……。生きていかなければならないのだったら、今を楽しく暮らそう！　そう思ったら、悩んでいても仕方がないと開き直れました。

母を幼くして亡くした私には、「悔いなく生きたい！」という思いがあります。70代になり将来のことをもっと真剣に考えなくてはならないのでしょうが、先のことってわからない。

わからないことをあれこれ心配するより、今を楽しく生きよう！　そう思えば、余計なことを考えずにすんで、案外気楽に暮らせます。

第1章

アイデアとひらめきで、つくる人も楽しいご飯に

大きさや硬さを工夫して、家族みんなで同じ料理を食べます

「もう年だから、揚げ物や肉は好まないだろう」

私と同じ年頃で親と同居する方から、そんな話を聞きました。だから、調理を控えているというのです。

たしかに高齢者向けのレシピを見ると、魚と野菜が中心だったり、さっぱりした味つけだったり。家族とは別の料理を用意する人もいるようです。

義母は以前に比べて食が細くなったものの、食べることが大好き。食卓に好みの料理や珍しい食材が並ぶと、会話が弾んで目も輝きます。食卓がパッと明るく

ひとりだけ違う料理はなんとなく寂しいから、みんなで同じものを
食べます。豚こま切れ肉のとんかつは義母の好物

なるので、わが家はできるだけみんなで同じものを食べるようにしています。嫌いなものは魚の鯖くらいで、なんでも食べる義母ですが、さすがに歯が弱くなり、硬いものは食べづらくなってきました。

そこで、食材は食べやすい大きさにし、噛みやすくします。野菜をさいの目に切るコブサラダ（左ページ上）などは最適で、義母も好きなメニュー。生春巻きの具（左ページ下）も、目の細かなスライサーで細めにカット。カップに入れたり、皮で包んだりすれば、口元に運びやすくなります。

肉は、厚みや大きさを工夫します。たとえば、焼き肉にはすき焼き用、とんかつには豚こま切れ肉を使います。豚こま切れ肉を小判形にまとめたとんかつは、箸を入れるとほろりと崩れて食べやすいです。また、豚肉と白菜を交互に重ねて

カットした野菜を順に重ね、ごまドレッシングをかけます。カップに入れてスプーンを使えば、食べやすい

生で食べるにんじんや大根は、目の細かいスライサーで細くします。ライスペーパーで巻き、長さを半分にカット

じっくり火を通した煮物（左ページ上）は噛みやすく、たくさん食べてくれます。煮汁にはとろみをつけ、喉の通りをなめらかに。

硬い野菜も、火を通して噛みやすい硬さにします。にんじんのくるみ和え（左ページ下）は、にんじんとたまねぎ、にんにくを電子レンジで加熱（600Wで約5分）。くるみはビニール袋に入れてめん棒で砕き、炒って香りを出します。

歯の問題は、義母だけの話ではありません。私たち夫婦も、歯が弱くなってくる年齢。これからも、食べやすい工夫を重ねて、みんなで同じ料理が食べられるといいな、と思います。

豚肉（塩、こしょうをふる）と白菜は、交互に重ねて3等分にカット。煮汁（だし汁、しょうゆ、みりん、塩、しょうが）で煮ます

レンチンしたにんじん、玉ねぎ、にんにくにくるみを加え、オリーブ油、白ワインビネガー、粒マスタード、塩、こしょうで調味

なんにもない日はハレの食卓。気分が上がります

きっかけは、写真の回転テーブルでした。北欧のインテリアショップ・イケアで見つけて一目ぼれしたのです。「こんなふうにすると楽しいかも!?」とアイデアを考えていると、ワクワクしてきました。

早速料理を並べてみると、テーブルに高さが生まれ、華やかな雰囲気に。いつもの料理もどことなく見栄えがします。くるくる回しているとなんだか楽しい気分に。義母も「今日はなんの日!?」とうれしそうです。「なんにもない日だからやってみたのですよ」と心のなかでつぶやきます。

食卓にクロスを敷いて、中央に回転テーブルを。非日常感を味わえてワクワクします。この日のメインはゆで豚の甘みそだれ（P62）

高齢者世帯はイベントや外出の機会が少なく、暮らしが単調になりがちです。回転テーブルやかご、重箱で食卓に変化をつけ、ハレの日を演出します。

写真の重箱にはおかずを、かごには小さなおにぎりを詰めれば、ちょっとした行楽気分に。義母の元気がないときは、リバーシブルのお盆を赤にすると、食欲が増すようです。

もし眠っているかごや重箱、お盆があったら、試してみてはいかがでしょうか？　ハレの日の演出は、気分が高揚しますよ。

赤と黒のリバーシブルのお盆は、気分によって色を変えます。かごはお菓子が入っていたものを再利用

外食気分を味わいたくて、おうち居酒屋＆カフェを始めました

コロナ禍の自粛期間中は、おうちご飯が続いて、外食が恋しくなりました。二女からは「渡韓《とかん》ごっこ」といって、自宅で韓国風の飾りつけや料理を楽しむのが人気だと聞いていました。

ちょうど孫のおもちゃ箱が不要になり、「何かに使えないか？」と考えていたところだったので、夫と箱型のカウンターをつくってテーブルの上に。家にあるベニヤ板に布を張って看板をつくり、クリップライトを点灯。１００円ショップで見つけたビールののぼりも飾って、キッチンを居酒屋風に飾りつけました。

テーブルの上に箱型のカウンターをのせ、お酒や徳利を飾って雰囲気を出します。冬はミニ七輪で焼き鳥を温めることも

たこのわさび漬け和え

【材料】（3〜4人分）
ゆでたこ（7〜8㎜幅）…100g
アボカド（1㎝角）…1個
A
マヨネーズ…大さじ2½
わさび漬け…10g
みりん…大さじ1
しょうゆ*…小さじ1弱

【つくり方】

みりんは電子レンジ（600W）で40秒加熱。ボウルに**A**を混ぜ合わせ、たことアボカドを入れて全体を和えます。

＊しょうゆは薄口を使っています。濃口しょうゆを使う場合は、適宜調整してください。

ウインナーの春巻き揚げ

【材料】（8本分）
チョリソーウインナー…8本
春巻きの皮（ウインナーの幅にカット）…1枚

【つくり方】

ウインナーに春巻きの皮を巻きつけ、巻き終わりに水で溶いた小麦粉適量（分量外）を塗って留めます。フライパンに多めのサラダ油適量（分量外）を熱し、春巻の皮がきつね色になるまで揚げ焼きにします。

牛乳をミルクフォーマーで泡立て、泡をすくってインスタントコーヒーにのせます。ミルクフォーマーはダイソーで購入

夕食のメニューも、お酒が進む一品にします。45ページでご紹介した2品は、よくつくるメニュー。義母は居酒屋初体験だったそうで、とても喜んでくれました。

カフェで飲むカフェラテにハマったのもこの頃。100円ショップでミルクフォーマーを見つけ、家で再現してみたら、ふわふわの泡がつくれて感動！

ホットケーキミックスでつくったケーキにアイスクリームを添えて、テーブルウェアをひと工夫。まるでカフェにいるような気分を味わえて、贅沢な時間を過ごせました。

紅茶のシフォンケーキ

【材料】（5～6人分）

〈生地〉

紅茶のティーバッグ
（茶葉のみ）…4g
熱湯…大さじ2
ホットケーキミックス
…180g
卵…1個
牛乳…180cc
砂糖…大さじ4
溶かしバター、はちみつ
…各大さじ1

市販のアイスクリーム
…適量
ミントの葉…適宜

【つくり方】

1 茶葉と熱湯はボウルに入れ、しばらく浸します。残りの生地の材料を加えて混ぜ、なめらかになったら、サラダ油適量（分量外）を塗った耐熱ボウル（17㎝）に流し入れます。

2 ①を5㎝くらいの高さから2～3回落として空気を抜き、ラップをふんわりかけて電子レンジ（600W）で7分加熱。竹串を刺し、生地がついてこなければ完成。

3 器に盛り、アイスクリームとミントの葉を添えます。

家庭菜園で野菜やハーブを。食卓に季節感と会話が生まれます

43歳で仕事を辞めたあと、ガーデニングにハマり、植物の成長を見るのが日々の楽しみになりました。次第に野菜やハーブを育てるようになり、食卓に欠かせないものに。

一年通して野菜を収穫できるよう、プランターより大きい左官用のコンテナを使っています。底に水はけ用の穴を開け、野菜用の培養土を投入。ルッコラ、ミニトマト、サニーレタス、ブロッコリー、ピーマン、小松菜、小かぶ、ねぎ……。春と秋にホームセンターをのぞき、苗を購入しています。

虫の発生や生育不良など、思うようにいかないことも。そのたびに駆除法を調べたり、ビニールで囲ったりするなど、世話が焼けるのも楽しい。子どもが成長して親の手を離れたので、気持ちの張り合いになっているのかもしれません。

ミント、タイム、ローズマリー……。ハーブは比較的育てやすいですね。昨春100円で購入したバジルの種を植えたら、わさわさと育ち、ジェノベーゼソースを大量につくりました。小分けにし、娘たちにもおすそ分け。冷凍保存して、いろいろな料理を楽しみました。

何よりうれしいのが、食卓に季節感を出せること。外出の機会が減った義母は、料理で季節の移り変わりを楽しんでいるようです。「これ屋上でつくったの!?」「採り立ては新鮮でおいしいね！」と、食事も盛り上がります。

料理の香りづけにはもちろん、フレッシュなハーブでいれたお茶は爽やかで、気持ちがリフレッシュします。写真はミント

ジェノベーゼソース

【材料】（バジル50g分）
バジルの葉…約100枚（50g）
バターピーナッツ…大さじ3（30g）
にんにく…2かけ
オリーブ油…½カップ
塩…ひとつまみ
粉チーズ…40g

【つくり方】

フードプロセッサーに粉チーズ以外の材料を入れて攪拌します。なめらかなペースト状になったら粉チーズを加え、全体が混ざったら完成。

ジェノベーゼソースはお酒のつまみにぴったり。塩けのあるクラッカーにのせたり、かまぼこと和えたり。かまぼこは厚めに切り、フライパンで焼き目をつけるとおいしいです

半調理の野菜を3日分。栄養面の心配を手放せます

野菜の半調理を始めたのは5年くらい前。忙しいときでも食事をすぐ用意できていいいな、と思ったのです。野菜を日常的に食べることで、自然と栄養のバランスが取れ、健康面の助けにもなります。

常備しているのは4～6種類。季節によって異なりますが、せん切りのキャベツ、短冊切りのにんじん、ゆでたじゃがいもとブロッコリー。ほかには、ミニトマトや大葉。緑黄色野菜は必ず入れ、ブロッコリーの代わりに小松菜をゆでることもあります。

せん切りのキャベツはサラダやつけ合わせ、とんぺい焼きに。短冊切りのにんじんはきんぴらや炒め物に、ゆでたじゃがいもやブロッコリーはホットサラダやスペイン風オムレツに。冷蔵庫で目にするたびに、「あれがあった」「使わなきゃ！」という意識が働いて、献立のヒントにもなります。

義母の食欲が落ちて、野菜が食べられないときは、スムージーやミネストローネをつくります。とくにスムージーは喉がひんやりして、ゴクゴク飲めるよう。小松菜とバナナ、ゴーヤとりんごなど、果物とミックスすると飲みやすくなるようです。

小松菜のスムージー。小松菜、皮をむいたりんごとバナナをざくざくと切り、水と一緒にミキサーに入れて攪拌します

野菜の半調理は、週に2回、朝食後にまとめて行います。じゃがいもは皮つきのままゆで、料理によって皮をむいて使います

せん切りキャベツでとんぺい焼き

せん切りキャベツは豚肉と炒めて塩、こしょうをふります。薄焼き卵にのせて包み、マヨネーズとソースをかけ、青のりをパラリ。肉の代わりに揚げ玉と削り節を入れても

ゆでじゃがとブロッコリーでジャーマンポテト

ゆでじゃがはバターで焼き目をつけて取り出します。玉ねぎとベーコンを炒め、ゆでブロッコリーを加えて塩、こしょうをふり、ゆでじゃがを戻します。粒マスタード、マヨネーズ、にんにくで調味

義母の好物を常備し、食欲がないときに備えます

昨年の2月、義母が体調を崩し、2カ月ほどベッドから起き上がれませんでした。春になって回復したものの、食べられない時期が続いたときは、ひやっとしたものです。

義母は90歳をすぎて食が細くなり、喉につまることも増えてきました。大好きな肉や魚も、体調によってはにおいが気になるようです。かかりつけ医からは「食べられるものならなんでも」「肉や魚が難しいなら卵を」とアドバイスをもらっています。

右／引き出しには小豆を。左／お餅は油をひいたフライパンで焼き、裏返して具をのせ、フタをして焼きます

義母の朝食は、食パンに果物、チーズ、乳酸菌飲料、コーヒーですが、トーストが食べられず困っていたとき、ちょっと値の張る食パンに変えたところ、残さず食べられました。生地がしっとりとし、喉の通りがよかったようです。

また、食欲がないときに備えて、義母の好物の小豆とお餅をストックしています。小豆はふっくらと炊き、餅米と白米（5対1）に混ぜてお赤飯に。栗の甘露煮を加えることもあります。お餅はチーズとベーコンなどをのせてピザ風に。お餅の厚みを半分にすれば食べやすく、もうひとつと手が伸びます。

思い出も一緒に味わう、わが家の定番料理をご紹介

ユーチューブで結婚以来つくっているサンドイッチの動画を配信したとき、みなさんからいろいろなコメントをいただきました。

パンにはさむ卵は、ゆで卵派と卵焼き派があるなど、家庭の味を知るのは楽しいですね。私は卵焼き派で、だしを効かせた甘めの味つけです（P60）。

わが家にも家族のリクエストで繰り返しつくっている定番料理があるので、ご紹介します。

鶏肉のエスニックご飯（P61）は、タイ料理のガパオ風です。屋上の家庭菜園でバジルが大量に採れたときにたっぷり入れたのが好評で、夏になると必ず食卓

に上がります。ナンプラーの代わりにアンチョビを使うのが特徴。家族の人気ナンバーワンです。

ゆで豚の甘みそだれ（P62）は韓国料理のポッサムで、家族や親戚が集まるときにつくる料理。薬味入りのゆで汁で肉のくさみを取り、コチュジャンベースのたれをつけていただきます。

豚肉入りアクアパッツァ（P63）は、魚介に豚肉を加えて食べごたえ満点に。豚はバラ肉の焼き肉用を使って、旨味たっぷりに仕上げます。息子が好きな料理で、クリスマスなどイベント料理によくつくります。

ほかにも、手羽元の甘辛煮、牛肉と三つ葉のバターしょうゆ丼、鶏と山いものスープなど、思い出深い料理がたくさん。「またこれー!?」と家族に突っ込まれながらワイワイ食べる。そんな、懐かしい情景が浮かびます。

45年目のサンドイッチ

【材料】（つくりやすい分量）

食パン（サンドイッチ用・12枚切り）… 24枚
きゅうり（斜め薄切り）…1〜1½本
卵…4個
ロースハム…8枚
マヨネーズ、粒マスタード…各適量

A | 白だし…大さじ2（またはだしの素…小さじ2）
　| 砂糖、マヨネーズ…各大さじ1

【つくり方】

1 きゅうりは塩少々（分量外）をふり、水けを拭き取ります。
2 卵は**A**と混ぜ合わせ、サラダ油適量（分量外）を熱したフライパンで薄い卵焼きを2枚つくり、4等分します。
3 パンは3枚1組にし、8枚の片面にマヨネーズと粒マスタードを塗ります。
4 ③の上にきゅうり、ハム、パンを順に重ね、パンの上面にマヨネーズを塗って卵焼き、パンをのせます。上から軽く押さえて、食べやすくカット。

鶏肉のエスニックご飯

【材料】（4人分）
鶏もも肉（2㎝角）
…2枚（500〜600g）
にんにく（つぶす）…2かけ
バジルの葉…好みの分量
卵（目玉焼きにする）…4個
A
アンチョビ（フィレ、刻む）
…3〜4枚（18g）
オイスターソース
…大さじ2
砂糖…大さじ1
こしょう…少々
ご飯…適量

【つくり方】
1 **A**は混ぜ合わせます。
2 フライパンにオリーブ油適量（分量外）とにんにくを入れて熱し、香りが立ったら鶏肉を入れて炒めます。
3 肉に火が通ったら余分な脂をキッチンペーパーで拭き取り、**A**を入れて味を絡めます。バジルを加えて混ぜ合わせ、火を止めます。
4 器にご飯を盛って③をのせ、目玉焼きをトッピング。お好みでレモンの絞り汁やタバスコをかけても。

【材料】(豚バラ塊肉400g分)
豚バラ塊肉…400g

A
- 酒、みりん…各大さじ2
- 塩、酢…各大さじ1
- みそ…小さじ1
- しょうが(刻む)…1かけ
- ローリエ…1枚
- こしょう…少々

B
- みそ…大さじ1
- コチュジャン、砂糖…各小さじ2
- 白いりごま、ごま油…各小さじ1

サンチュ、きゅうり…各適量

【つくり方】
1 大きめの鍋に豚肉がかぶるくらいの水(分量外)とAを入れ、火にかけます。
2 煮立ったら弱めの中火にして豚肉を入れ、フタをして20〜30分煮ます。豚肉に竹串がすっと刺さればゆで上がり。
3 Bは混ぜ合わせてたれをつくり、②の豚肉は5㎜幅に切ります。サンチュに肉ときゅうり、たれをのせ、包んで食べます。

ゆで豚の甘みそだれ

豚肉入りアクアパッツァ

【材料】(2〜3人分)

豚バラ肉(焼き肉用、
　4〜5㎝幅)… 200g
白身魚の切り身(4㎝幅)
　…2切れ(200g)
A　あさり(砂出ししたもの)
　　…100〜200g
　ミニトマト(ヘタを取る)
　　…10個
　水…½カップ
にんにく(みじん切り)
　…1かけ
白ワイン…½カップ
パセリ… 適量

【つくり方】

1 豚肉と白身魚は塩、ブラックペッパー各適量(分量外)をふります。

2 フライパンにオリーブ油適量(分量外)とにんにくを入れて熱し、香りが立ったら肉と魚を皮目を下にして並べ入れ、両面を焼きます。

3 白ワインを注いでアルコールを飛ばし、**A**を加えてフタをして煮ます。あさりの口が開いたら、塩、ブラックペッパー各適量(分量外)で味をととのえ、オリーブ油適量(分量外)を回しかけてパセリを散らします。

料理はリズム。流れを止めないちょっとしたアイデア

ユーチューブをご覧になった方から、料理の手際のよさを褒めていただくことがあります。

たしかに、長年飲食の仕事をし、家族が多かったので、少しは効率的に動けているのかもしれません。でも私自身は、つくっていて楽しいからはかどると思っています。

つくるのは「食べたい!」「つくってみたい!」という料理が多いので、始めるときにはイメージが固まってワクワクしています。そうなると、あとは完成に向かって突っ走るだけ。勢いそのままに手を動かします。

気をつけているのは、調理の流れを止めないこと。必要な調理道具と食材を並べられるよう、調味料や調理道具は出し入れしやすい場所に収納し、調理台は何もない状態に。これならパッと見れば、どこに何があるかわかるので、動きがスムーズ。ものを置く場所を探してモタついたりしません。

肉や魚を切るときは、まな板の上にお酒や牛乳のパックを置いてカバーすれば、洗い物で手を止めずにすみます。また、あらかじめ電気ケトルでお湯を沸かし、煮汁がちょっと足りないときなど、サッとつぎ足します。

料理にはつくる人の気持ちが表れるといいますよね。だから、できるだけご機嫌に。リズムよく手が動かせるよう、お気に入りのCDをかけるなど、ときには音楽の力も借ります。

食器乾燥機を収納棚として使い、調味料やラップなどを収納。すぐ戻せるので出しっぱなしにならず、調理台が広々

お酒や牛乳のパックを再利用し、使い捨てのまな板に。においや汚れがつく肉や魚を切るときに敷いて、洗い物をひとつ減らします

調理台はこまめにリセット。
へらやお玉をまとめたツール立ても、用がすんだら扉の中にしまいます

レシピはあえてモノクロ。色を塗るとイメージが膨らみます

ふだんから新しい料理との出会いを求めているので、どこへ行っても、何を見ても、「どんな味？」「どうつくるの？」と気になります。

たとえばスーパーに置いてある小冊子。表紙においしそうな料理写真が載っていると、もらって帰ります。月や季節で更新され、旬の野菜や話題の食品を取り上げているのがいいんですよね。めぼしいものは切り抜いて、ファイルケースにストック。新聞の料理コラムも好きで、必ず目を通します。

図書館に行っても、足が向くのはもっぱら料理本コーナー。定番野菜のアレン

春菊の緑や赤魚のピンク……。素材やでき上がりの色を想像しながら塗ると、料理をつくりたくなってきます

献立に悩んだら、レシピの切り抜きを見返します。好みの傾向や自分の流行がわかっておもしろい

ジレシピ集や、クリスマスなどイベント料理の本をよく借ります。義母の貧血が気になるときは、鉄分を補う食品や料理が載った本を。家庭菜園で大量に採れたハーブや野菜など、消費に困って調理法を調べることもあります。

気に入ったレシピはモノクロのコピーを取って、手元に残します。カラーコピーを取ればいいのでしょうが、モノクロならではの楽しみがあります。色鉛筆で色を塗ると、イメージが膨らんで「つくって食べたい！」という欲がムクムクと湧いてくるのです。

テレビの料理番組もよく見ます。テレビ東京の「男子ごはん」やNHKの「きょうの料理ビギナーズ」など。「きょうの料理ビギナーズ」は初心者向けの番組ですが、食材や調味料の使い方などちょっとした知識がタメになります。ほっこりしたイラストとおばあさんの語り口調もお気に入り。料理が登場するコマーシャルも好きで、37ページでご紹介したコブサラダは、マヨネーズのコマーシャルを参考につくってみました。

本やテレビでおいしそうな料理を見て、ワクワクしたり、ときめいたり！　私の場合、そんなおいしい記憶が、献立を考える助けになっているようです。

ピンチの日のご飯を決めて、しんどいときは献立を考えません

結婚以来、何をつくっても、夫が「おいしい、おいしい」と食べてくれるせいか、「料理をつくるのがイヤ」と思うことはあまりありません。

でも、夕食の献立を考えるのは別。体調や天候、食材事情を考えて、毎日しぼり出しています。レシピの切り抜きを見たり、料理本をめくったり……。それでもアイデアが浮かばないときに備えて、3つの解決策を用意しています。

1つ目は親子丼。家族みんなが好きで、鶏肉と卵入りで栄養もバッチリ。めんつゆを使えば味が決まりやすく、簡単です。私がいなくても、電子レンジで温めればおいしく食べられます。

2つ目は煮込みうどん。こちらも家族の好物で、白菜やきのこなど野菜がたっぷり。市販の白だしで手軽につくれます。時間がかからないので気持ちが焦らず、家族を待たせません。

3つ目はお弁当。近所や出先で買ってきて、インスタントのみそ汁を添えます。外で遊んできた日は、デパートのちょっと高級品を買って帰ることも……。

ちなみに、私が体調を崩したときは、鶏肉入りのけんちん汁をつくります。大量につくってしばらくキッチンには立たず、体力を温存。

家の用事で忙しいとき、外出で帰りが遅くなったとき……。夕食を決めておけば、「これさえつくればいい」と思えて気楽。献立に悩むことから解放されて、心が軽くなります。

つゆだく親子丼

【材料】(4人分)

鶏もも肉(ひと口大)
…小2枚(400〜500g)
玉ねぎ(薄切り)…1個
青ねぎ(斜め切り)…2本
卵(溶く)…4〜5個

A
めんつゆ(4倍濃縮)
… 大さじ4
しょうゆ*
…大さじ1〜2
砂糖…大さじ1

水…1カップ
ご飯…適量

【つくり方】

1 サラダ油適量(分量外)を熱したフライパンで鶏肉を炒め、肉の色が変わったら玉ねぎを入れて炒め合わせます。

2 全体に油が回ったら、**A**を入れて味を絡め、水を加えてフタをし、7〜8分煮ます。

3 青ねぎを加えて溶き卵を回しかけ、フタをして30秒ほど煮て火を止めます。卵が半熟状になったら、器に盛ったご飯にのせます。

＊しょうゆは薄口を使っています。濃口しょうゆを使う場合は、適宜調整してください。

関西風煮込みうどん

【材料】（1人分）
うどん…1玉
豚バラ薄切り肉（5㎝幅）…50g
白菜（またはちんげん菜、ざく切り）
…2枚
しいたけ（軸を取り縦半分）…2枚
味つけ油揚げ…1枚
（または油揚げ…½枚、短冊切り）
卵…1個
かまぼこ（5㎜幅）…2枚
青ねぎ（斜め切り）…½本
A | 白だし（7倍濃縮）…大さじ3
（またはだしの素、しょうゆ、
みりん…各小さじ2）
| 水…1½カップ

【つくり方】
1 1人用の土鍋に**A**を入れて火にかけ、煮立ったら豚肉、白菜、しいたけ、味つけ油揚げを入れて煮ます。
2 肉の色が変わったらうどんを加え、2〜3分煮ます。
3 卵を割り入れ、かまぼこ、青ねぎを加えてフタをして1分。火を止めて卵が半熟状になったらでき上がり。

ハムと卵があれば、お昼ご飯はそれなりにかっこうがつきます

お昼ご飯は自分ひとりなら適当にすませますが、義母や夫がいるとそうはいきません。ふたりとも「なんでもいいよ」といってくれるものの、連日同じ料理では忍びない。前日に多めにつくった夕食のおかずで一品にしたり、できあいの煮豆や冷ややっこを並べたり……とそれなりに工夫しています。

役に立つのは、52ページでご紹介した野菜の半調理です。ゆでたじゃがいもやブロッコリー、短冊切りのにんじんなどをハムやベーコンと一緒に調理すれば、たんぱく質を補えて栄養面でも安心です。ハムはそのまま食べられるので、サラダなどにも使えて便利。冷蔵庫に指定席を用意し、一年通して常備しています。

右／ハムは3人で食べきれるよう、小パックを選びます。左／野菜がメインのインスタントみそ汁

卵料理も手軽につくれるので、よく登場します。卵はいつも多めに買って、きらさないように。シンプルに卵焼きにしたり、スペイン風オムレツにしたり。スペイン風オムレツは、卵液にゆでたじゃがいもとブロッコリー、ベーコン、ピザ用チーズ、マヨネーズ、塩を入れ、フライパンで両面を焼きます。

お昼は、みそ汁はつくりません。インスタントみそ汁の進化は目覚ましく、スーパーにおいしいものがたくさん売っていますから。なるべく野菜がたっぷり入ったタイプを選ぶようにしています。

スペイン風オムレツとにんじんのきんぴら。きんぴらは短冊切りのにんじんをごま油で炒め、みりん、砂糖、しょうゆで調味し、白いりごまをふります。3連皿には市販の煮豆や佃煮、豆腐などを

第2章

収納と家事の工夫で、部屋をすっきり安全に

子どもの独立を機にものを減らし、家を使いやすくしました

わが家は2階建てで、間取りは5DK。上階にリビング、寝室、息子の部屋、下階に仏間、義母の部屋、ダイニングキッチンがあります。ここに以前は義父母と私の家族、あわせて7人で暮らしていたので、収納は常にパンク状態。ものとの戦いでした。

29年前に義父を見送り、15年前に二女、7年前に長女が結婚を機に独立。娘たちには家を離れるときに、自分のものをすべて持っていってもらいました。ちょうどその頃、テレビで片づけ番組が流行っていたこともあって、一気にスイッチが入ります。阪神淡路大震災で来客用の高価な食器が全滅し、「大事に取ってお

いても、いつどうなるかわからない」と考えるようにもなりました。

まずは、間に合わせで買ったカラーボックスや簡易の棚の処分から手をつけます。備えつけの収納スペースが足りないうえ、家具も婚礼家具くらいだったので、家のあちこちで使っていたのです。廊下に溢れたカラーボックスを片づけると、光が奥まで届くようになり、家が広々と見えました。ものの総量を減らすことで、スムーズにものを移動できて、理想の場所に配置できます。

もともと、ものについては「使わないと持っていても仕方がない」と考えるタイプです。たとえば、繰り返し使えるシリコン製のラップを「便利そう！」と買っても、使いにくいと野菜の泥落としに試すなどし、ダメだったらすぐ処分。「もったいないから、しばらく取っておこう」とは考えません。

取っておくことで収納スペースを窮屈にするより、よく使うものを便利な場所に置いたり、出し入れしやすく収納したりするほうが、家事の効率を上げますから。それに、部屋に出しているものをしまえて、空間を自由に使えます。寝室は、空いたスペースに椅子とテーブルを置いて、リラックスコーナーをつくったのですよ。

徐々に整理を進め、最近では螺鈿《らでん》細工の座卓、革のオーダーコートを処分。コートはフリーマーケットで15000円くらいで売れました。逆に、取っておいたのは、息子が保育園でつくった雛人形。家族の思い出がつまっているので、私が亡くなったときに柩《ひつぎ》に入れてほしいのです。

ものを増やさない工夫も心がけています。たとえば紙袋は1袋分、調味料のストックもかごに入るだけと決めています。娘たちに孫が生まれてからは、帰省時や預かりのときに使うタオルが増えました。洗面所は収納スペースが少ないので、バスタオルから小さめのミニバスタオルにサイズダウン。収納スペースを増やすために、カラーボックスを買うことはもうありません。

一方、義母はものを大事にする人で、包装紙1枚をきれいに畳んで取っておくタイプ。「あれ、どこにやった？」と聞かれたら、「ちゃんと取っていますよ。奥にしまってあるから、今すぐには取り出せないんですけど」と返答。私が整理を進めているのを横目で見ていて、「もしかしたら、捨ててしまった……？」と思われつつ……。きっと捨てられて困る大事なものは分けて、自分で管理するようになったのでしょうね。「あれ、どこ？」と聞かれなくなって、10年が経ちます。

キッチンの収納棚は、ものによって高さを変え、スペースを
有効活用しました。茶色のボックスには食器や紙皿などを

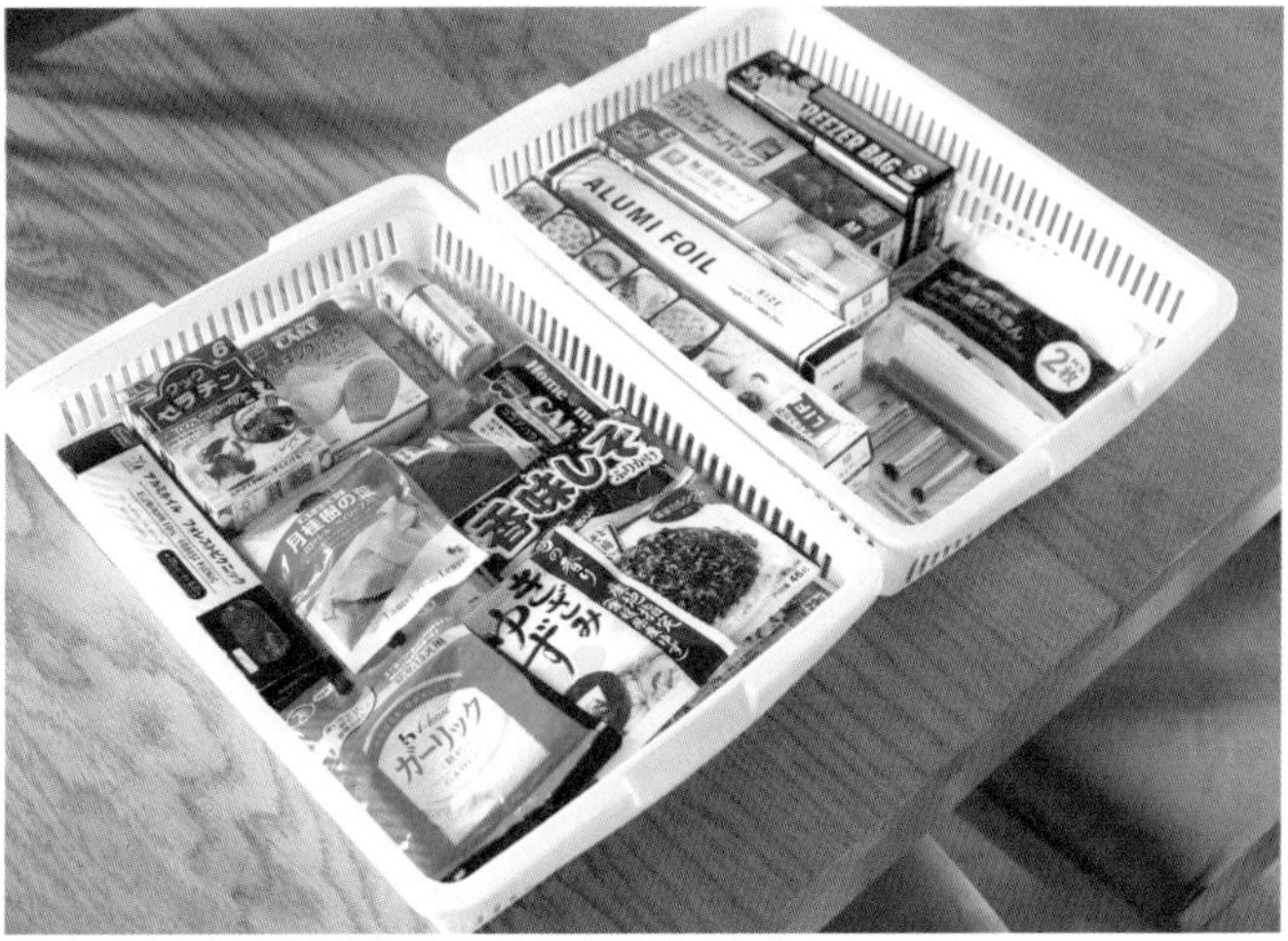

スーパーが近くにあり、毎日買い物に行くので、調味料や消耗品はプラス1を目途にストック。浅いかごなら、埋もれずにすみます

紙袋は袋ひとつ分と決め、それ以上は増やしません。下段の棚には、ほかにお米、乾物やパスタなどを収納

つまずきやぶつかりの原因を取り除くと、安心して過ごせます

今から約30年前。同居の義父母が70歳を前に小さなリフォームをしました。ほかの部屋より一段低かったキッチンの床を上げて、バリアフリー化したのです。ちょうど義父が介護施設に入所する時期で、部屋の行き来に往生していました。

3〜4年前には、なるべく床にものを置かないよう、家電の見直しを始めました。キッチンを歩いていた義母がよろけて、石油ストーブにぶつかりそうになったのです。石油ストーブの上にはやかんを置いていたので、倒れてやけどでもしたら大変！　石油ストーブは撤去し、食卓の天板裏に使わなくなったこたつのヒーターを取りつけ、暖を取るように。ヒーターのコードも、床を這わさず、食卓

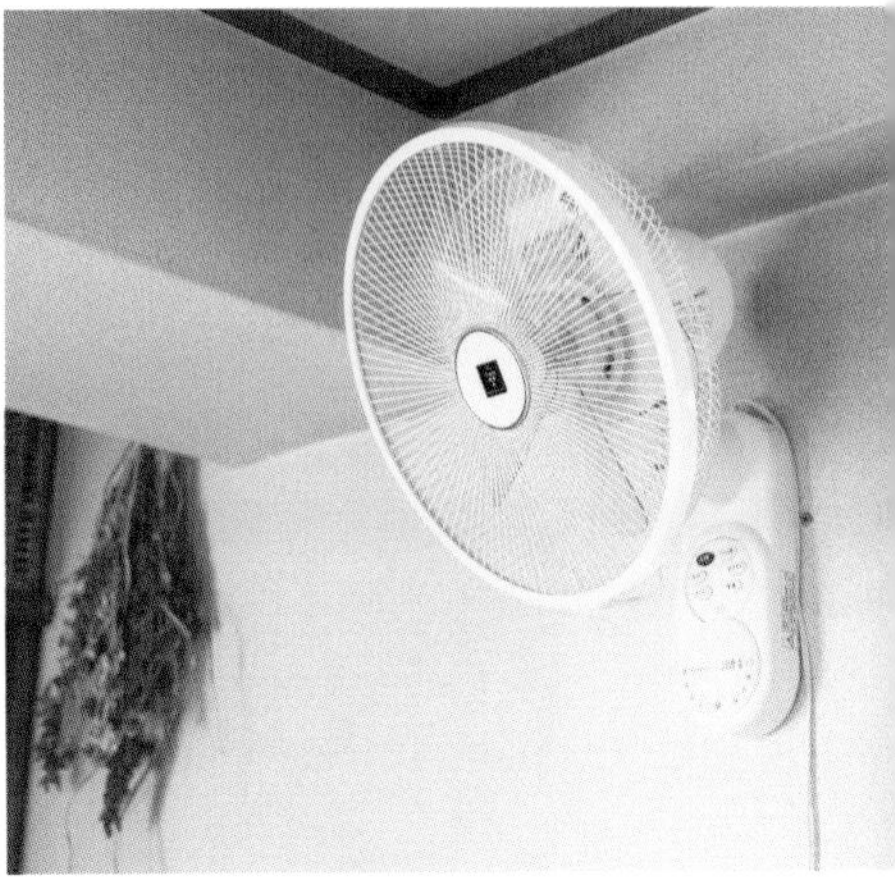

右／ダイニングキッチンの壁掛け式扇風機。左／棚板用のフックを食卓の天板に引っかけ、ヒーターのコードを吊るしています

のフックに引っかけています。翌夏には、扇風機をスタンド式から壁掛け式に取り替えました。

義母は自分の体のことをよくわかっていて、ゆっくりゆっくり、用心して歩いています。枕元には愛用の杖も常備。とはいえ、90歳をすぎて、ふらついたり、足がもつれたりすることが増えてきました。

家に段差や障害物があると、義母が転んで怪我をする恐れがあります。ましてや、義母

義母の部屋から見たダイニングキッチン。義母が行き来するテーブルや冷蔵庫のまわりには、ものを置かずすっきりと。掃除もしやすい

は昨年足の怪我を患い、ようやく歩けるようになったばかり。つまずいたり、ぶつかったりするのを防ぐため、義母が歩く動線上には、なるべくものを置かないようにしています。義母の部屋からキッチン、洗面所、トイレ、玄関……。

義母の部屋に敷いていたカーペットもつまずきの原因になるので、昨年、取り外しました。スリッパを履くのもやめて、冬は厚手の靴下で代用しています。トイレもスリッパからマットに変えました。

住まいの安全対策がスムーズにいったのは、こまめに不要品を処分し、収納スペースに余裕があるからでしょうか。いざとなったら片づける場所がある。それが、心の安心につながっています。

体にやさしい道具と洗剤で、ラクしてきれいを維持します

家をきれいにすると気持ちまですっきりして、いいですよね。掃除は苦にならないほうですが、重い掃除機を持って、上下階を行ったり来たりするのは、さすがにしんどくなりました。60代後半のことです。

軽量なコードレスタイプを調べてみると、以前気になっていた吸引力も、最近は十分であることが判明。早速入手して使ってみると、負担がまるで違います。軽さはもちろん、コードを差し替える手間がいらないので、フットワークがバツグン。持続時間もそれなりにあり、1回かけるには事足ります。

右／フローリングワイパーはしまい込まず、死角になる壁に収納しています。上／すぐそばのたんすに取り替えシートをスタンバイ

床の拭き掃除に使っているのは、フローリングワイパーです。こちらは上下階にひとつずつ。壁に貼りつけたキャッチャーに引っかければ、すぐ手に取れて、掃除のタイミングを逃しません。取り替えシートもドライとウェットの2種類を用意し、汚れで使い分けています。

住宅用洗剤もエコ洗剤にチェンジしました。油汚れの掃除でアルカリ洗剤を使うと、手がカサつくようになったのです。エコ洗剤の存在は、10年ほど前に二女が送ってくれたアルカリ電解水で知っていました。

エコ洗剤は液体タイプを使用。粉末と違って水に溶かす必要がなく、汚れに気づいたときにすぐ使えます。ダイソーやキャンドゥで購入

当時はエコ洗剤というと高価なイメージがあったのですが、100円ショップでも売っているのを発見！　セスキ、クエン酸、重曹……。使ってみると汚れ落ちがよく、気兼ねなく補充できるので、ずっとリピート。手軽に使えるスプレータイプを愛用しています。

掃除の仕方は、60代までは「そんなもの」と思って、別の方法を取り入れることはありませんでした。ですが、若い世代の知恵や情報で、負担がぐっと軽減。これからは便利な道具に頼りながら、ラクしてきれいを維持していきたいと思います。

リビングの掃除は、朝食の後片づけ後に行います。まず掃除機をかけ、フローリングワイパーを。ソファの汚れにはお掃除テープを利用

浮かせて汚さない。浴室は新しい収納法を取り入れました

わが家の浴室は比較的通気がよいものの、ボトルや石鹸受けのヌメリが長年の悩みでした。使用後に底面がぬるぬるするのです。そんなとき、二女が教えてくれたのが、浮かせる収納法。ものを吊るしたり引っかけたりして、接地面をつくらないやり方です。

シャンプーはボトルをやめて、詰め替え用パウチをタオルかけに吊り下げます。注ぎ口には専用のポンプを差し込めばＯＫ。私は「詰め替えそのまま」(三輝)を使っています。石鹸は吸盤つきのホルダーを壁に固定し、ギザギザの金具を石

鹸に差し込んで、ホルダー先端のマグネットにくっつけます。浮いているので自然と水けがきれます。

浮かせる収納法は人気で、100円ショップに行くとさまざまな専用グッズが売られています。洗面器もそのひとつで、引っかけ用の穴が開いていて、S字フックに吊り下げられます。

洗い場の掃除は、毎日入浴の最後に行います。風呂椅子に座って、泡が飛び散る範囲をスポンジでこすり、シャワーで流します。最後に、排水溝にたまったごみをつまみ取り、ごみ箱へポイ。

シャンプーや石鹸の収納法を変えただけで、掃除の手間が減って、気持ちもいい。なんだか得した気分です。

郵便はがき

お手数ですが
切手を
お貼りください

150-8482

東京都渋谷区恵比寿4-4-9
えびす大黒ビル
ワニブックス書籍編集部

お買い求めいただいた本のタイトル

本書をお買い上げいただきまして、誠にありがとうございます。
本アンケートにお答えいただけたら幸いです。
ご返信いただいた方の中から、
抽選で毎月5名様に図書カード(500円分)をプレゼントします。

ご住所 〒 TEL(　　-　　-　　)	
(ふりがな) お名前	年齢 歳
ご職業	性別 男・女・無回答
いただいたご感想を、新聞広告などに匿名で使用してもよろしいですか?　(はい・いいえ)	

※ご記入いただいた「個人情報」は、許可なく他の目的で使用することはありません。
※いただいたご感想は、一部内容を改変させていただく可能性があります。

●この本をどこでお知りになりましたか?(複数回答可)

1.書店で実物を見て　　2.知人にすすめられて
3.SNSで(Twitter：　　Instagram：　　その他　　)
4.テレビで観た(番組名：　　)
5.新聞広告(　　新聞)　　6.その他(　　)

●購入された動機は何ですか?(複数回答可)

1.著者にひかれた　　2.タイトルにひかれた
3.テーマに興味をもった　　4.装丁・デザインにひかれた
5.その他(　　)

●この本で特に良かったページはありますか?

[　　]

●最近気になる人や話題はありますか?

[　　]

●この本についてのご意見・ご感想をお書きください。

[　　]

以上となります。ご協力ありがとうございました。

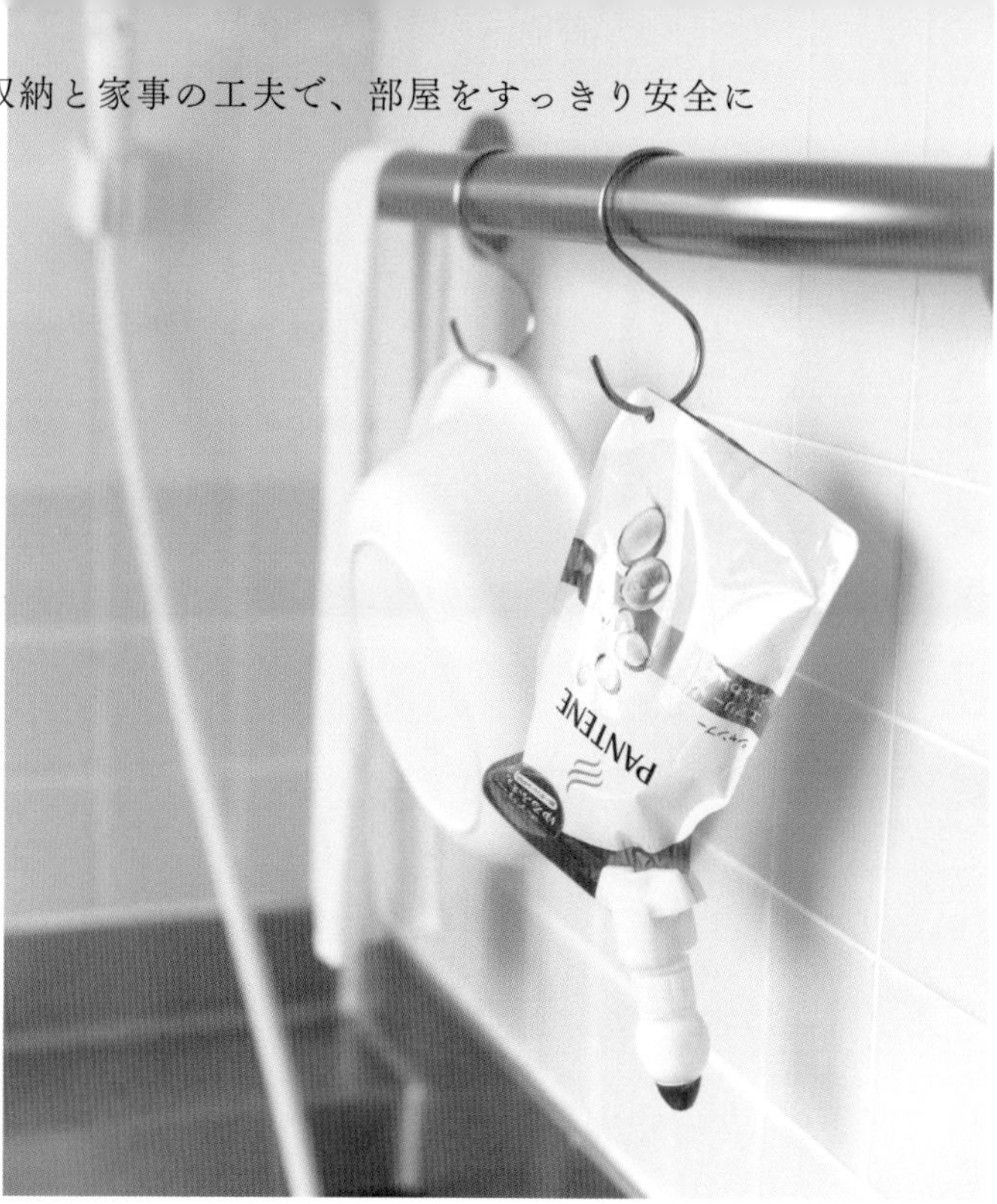

シャンプーは詰め替え用をそのまま使用。穴開けパンチで穴を開け、S字フックを差し込み、タオルかけに吊るしています

石鹸ホルダーはダルトンのもの。ごみ箱は水はけ用の穴があるものを100円ショップで見つけました

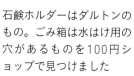

食後5分の小掃除。
毎日やれば適当でもそこそこきれいです

夕食後に洗った食器が乾く時間を利用して、コンロやシンクをざっと掃除しています。毎日やっておくと汚れが深刻にならず、適当な掃除でもそれなりにきれいになります。

まずはコンロまわり。油汚れなので、使い捨てられるキッチンペーパーを使います。キッチンペーパーにセスキ水を吹きかけ、タイルの壁とコンロを拭きます。セスキ水はすぐ取り出せるよう、調理台の下にスタンバイ。

食器が乾いたらふきんで拭き上げ、トレイにのせて一気に食器棚へ戻します。

ふきんは毛羽が立ちにくいドビー織りを愛用し、畳んでボックスに立てて収納。1枚ずつサッと取り出せるようにしています。

水きりかごが空になったら、水を張った洗い桶に入れ、水をかけながらたわしでザザッとこすり、流水で洗い流します。水きりかごはほうっておくと、ワイヤのくぼみに汚れがたまるので、毎日洗うように。洗い桶も内側の汚れをスポンジで落とします。

最後に、シンクの水けをふきんで拭き取り、蛇口を磨いたら終了。時間にすると5分ほど。ピカピカのキッチンは気持ちよく、翌朝の調理を気持ちよく始められます。

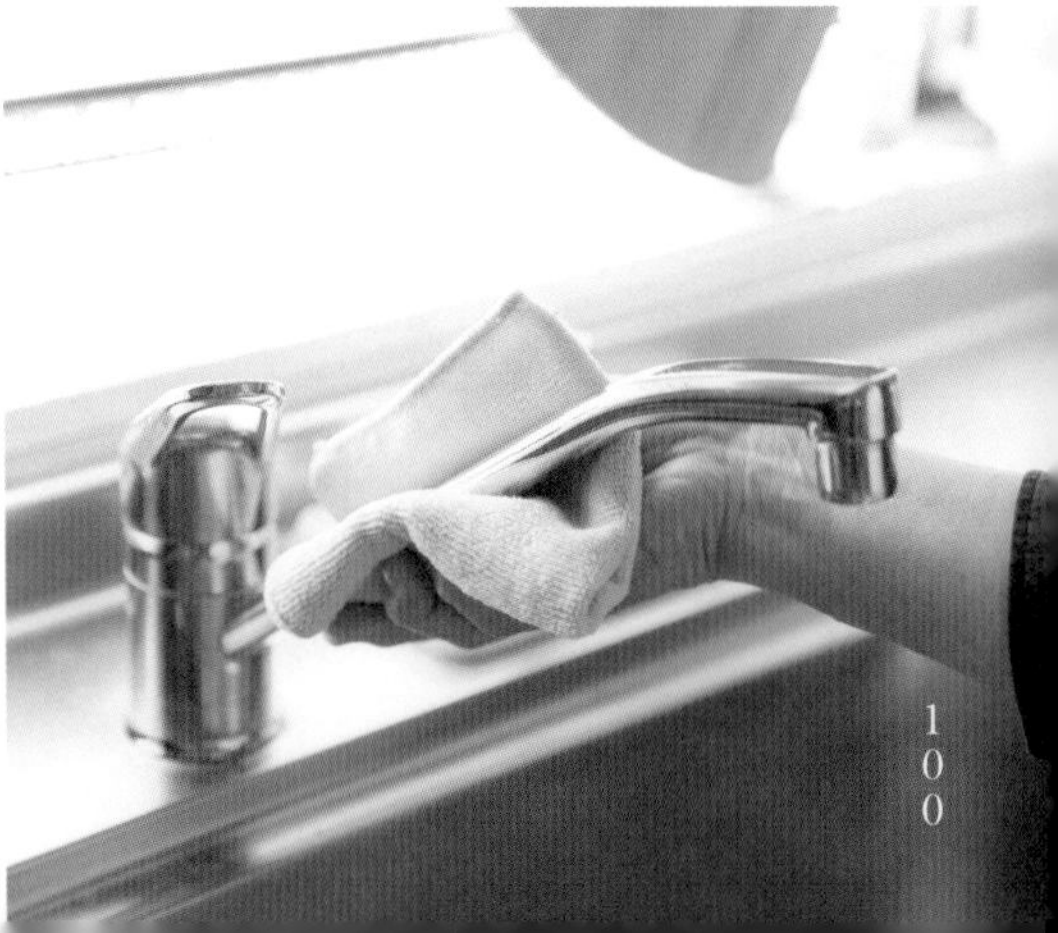

上・中・下／小掃除はコンロまわり→水きりかご→シンクの順で。水きりかごは洗った野菜の置き場所にもなるので、清潔に保ちます

小さな場所を拭くと、古い家がパッと明るくなります

ふだん掃除をするのは、水まわりやリビングなど、汚れが目につく場所。一方スイッチプレートやドアノブなどは見落としがちで、気づいたときには手垢がべっとり……なんてことも。

よく考えれば、スイッチプレートやドアノブは一日何回も触る場所。こまめに掃除しなきゃ、と反省しながら、セスキ水を含ませたウエスで拭きます。

拭いているうちに、「今日は拭き掃除の日にしよう！」と思いつき、そのまま家じゅうを拭いて回ります。同じ道具なら手間がかからず、汚れたウエスは捨て

ればいいので、後始末も簡単。

次は階段の手すり、次は照明の傘………と数珠つなぎのように拭く場所を探しているうちに、ちょっと楽しい気分になってきました。スリッパ、ごみ箱、食器棚や下駄箱の上……。家がみるみるきれいになっていきます。

キッチンの椅子の脚も、油が混ざったほこりで真っ黒……。椅子の背をテーブルに立てかけて脚を浮かせ、1本1本ていねいに拭きます。

掃除が終わって家の中を見渡すと、築35年のわが家が輝いて見えました。ひとつひとつは小さな場所ですが、数が集まれば効果バツグン。古い家が明るさを取り戻したようで、うれしくなります。

スイッチプレートをよく見ると、手垢で黒く汚れています。きれいにすると、壁がパッと明るく

椅子の脚もほこりがつきやすい場所。セスキ水を含ませたウエスで拭きますが、素材によっては注意が必要です

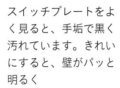

家族にわかりやすい収納なら、頼みやすいし、安心です

夫は7人きょうだいの長男で、義母と同居していることから、近所の親戚がよく訪ねてきます。独立した娘たち家族も、ちょくちょく遊びにきます。来客用の食器やお茶セットはすぐ見つかる場所に置くなど、だれもがわかりやすい収納を心がけています。

大事なものやよく使うものは、しまい込まず出しておきます。たとえば、義母の病院の予約票は、リビングの壁にコルク板を貼り、画びょうで留めていました。ソファの前で夫も私も目にするので、これなら忘れないと考えたのです。

キッチンには文房具や郵便物、寝室にはストレッチカードや宝くじなどを、壁面にバーやフック、ワイヤネットを取りつけ、ひとつずつ吊るしています。なるべく重ねず、ものの所在を明らかにします。

最近では、毎日使う食器やカトラリーの場所を見直しました。カトラリーは引き出しからケースに入れ替えて、お茶碗の近くに。食事で使うマグカップや食後に飲む薬は、ワゴンにまとめて。ワゴンはキャスターつきで座ったまま食卓に引き寄せられ、立つ手間がいりません。これで、「ちょっとお願い」と夫に頼みやすくなりました。

私にもし何かあったときに、夫や家族が困らないように。みんなでもののありかを共有できれば、私は安心なのです。

キッチン

カトラリーはケースごとテーブルに出せばOK。引き出しから家族の分をいちいち取り出す必要はありません

ワゴンは上段から薬、マグカップ、缶詰。側面にはマグネット缶を貼り、輪ゴムなどを収納。ワゴンはイケアの「ロースフルト」

コンロ脇の棚につくった壁面収納。100円ショップのスプレーボトルをカットし、ペンやのりを収納しています

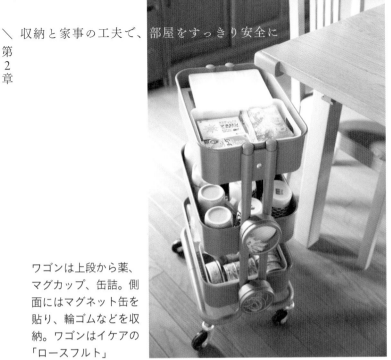

寝室

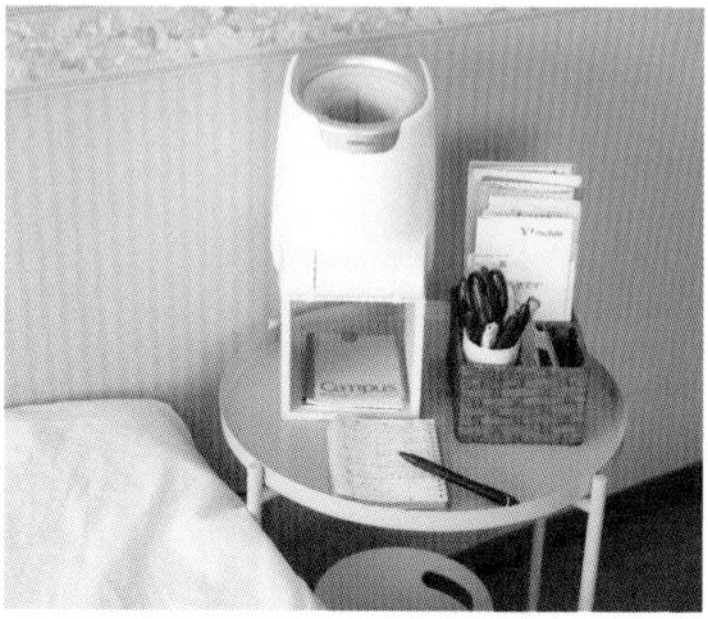

ベッドサイドに血圧計を置いて毎朝計測。ノートやペンもセットし、記録もれのないように

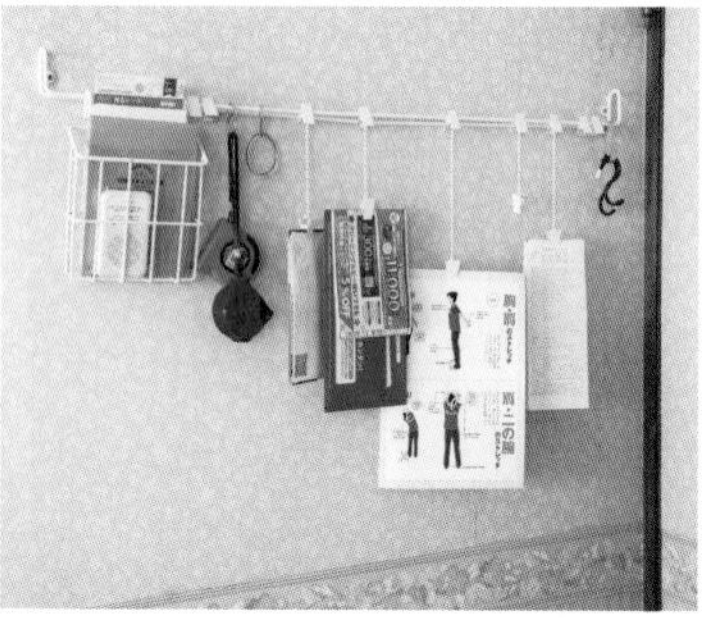

入口そばの壁面収納。義母の血液検査表、クリーニング券、保険の案内など、なくしたら困るものを

左手はリラックスコーナー、右手は睡眠スペースと、役割を分けた寝室。窓辺には懐中電灯、枕元には眼鏡や目薬入れを用意

季節品の入れ替えで、暮らしにリズムを刻みます

「あぁ！　今年もまた、春が来たな」

年を重ねて、ますます季節の到来に喜びを感じるようになりました。季節の変わり目は、家電や寝具、食器、衣類などを入れ替えて、気持ちをリフレッシュします。

春は電気ヒーターのフィルターを水洗いし、本体の汚れを拭き取って、物入れに片づけます。食卓のヒーターも、コードを取り外して収納。冬物の衣類をクリーニング店へ出すときは、お店から届いた割引ハガキも忘れずに持参できるよう、

寝室の壁面収納に用意しているので、無駄なく活用できます。

夏はやることが多く、何日かに分けて行います。素足で歩きたいので、床に敷いたラグを片づけ、スリッパを処分します。寝室のベッドは風通しのよい窓際に移動させ、寝具を夏用に。さらりとした肌触りの敷パッドとガーゼケットで、暑さをしのぎます。

衣替えも行います。たんすの棚に、秋冬用と春夏用を分けて置いているので、それらを入れ替えるだけ。あっという間です。そのさい、あまり着ていない服を取り除きます。

大きく変わるのは、ダイニングキッチンでしょうか。隣は義母の部屋なのですが、部屋を仕切る襖《ふすま》を外してのれんに。窓から風と光が注ぎ込んで、一気に夏ら

食卓に秋を告げる、こっくりした色合いの器たち。左上の大皿以外はすべて自作です。50歳の頃陶芸教室に通っていました

スリッパは夏前に処分し、冬前に新調します。裏側を水拭きできるよう、ビニール素材のものを選んでいます

夏になると、義母の部屋とダイニングキッチンを仕切る襖を外します。のれんは突っ張り棒に通すだけなので簡単にセットできます

しくなります。食卓の椅子カバーも、秋冬用の茶色から春夏用のライトグレーに交換。秋冬用は二女のお手製です。最後に、炭酸水とアイスコーヒーをシンクの下に用意します。

秋の楽しみは食器の入れ替えです。ガラス食器から秋色の器へ。ほっこりした色合いの器を見ると、温かな料理が恋しくなります。電気ヒーターやラグを取り出し、新しいスリッパをおろして、冬に備えます。寝具も冬用の羽毛布団に変え、毛布をプラス。

季節品の入れ替えは、寒暖差をしのぐ、昔からの知恵。体にやさしいうえ、部屋の雰囲気が変わって、暮らしによい変化をもたらしてくれます。

チャレンジしやすいから、インテリアは100均で気楽に楽しみます

あるときインテリアショップを訪ねたら、天井からグリーンがわさわさと垂れ下がり、ジャングルにいるような楽しい気分になりました。そのイメージをヒントにつくったのが、寝室のグリーンコーナー。私の癒しのスポットです。

何かをつくるとき、私がまず立ち寄るのが100円ショップ。もし失敗しても痛手が少ないので、思いきってチャレンジできます。豊富な品ぞろえは見ているだけでワクワクし、インテリアに取り入れたくなります。

寝室のグリーンコーナー。ツル状のグリーンをたくさん吊り下げて、ナチュラルな空間に変身させました。照明やオーナメントをアクセントに

寝室のグリーンコーナーは、天井下にワイヤネットを固定し、100円ショップで買ったツル状のフェイクグリーン（造花）をたくさん巻きつけました。ワイヤに吊り下げたペンダントライトや星形のオーナメントも100円。ところどころに本物のグリーンやナチュラルな吊り鉢を混ぜて、雰囲気を出します。

窓辺に吊るしたクリスタル風のサンキャッチャーも、100円ショップのもの。じつは引き出しのつまみ用で、DIYコーナーで見つけました。
サンキャッチャーは、窓辺に吊るすと部屋じゅう

右／サンキャッチャーは針金などを使って、陽が当たる場所に吊るします。上／午後2時頃になると、室内に光が乱舞してきれい

に虹色の光が映り、なんともいえない幻想的な雰囲気に。見ているだけで気分が高揚し、思わず「わ〜きれい！」と声が出ます。

ほかにも、季節の小物をテーブルコーディネートに取り入れたり、イベントの飾りつけに使ったり。飾り方は自己流で自信がないのですが、だれが見るわけでもなし。手軽に自分好みの空間がつくれて、部屋で過ごす時間が楽しくなります。

整理した写真をコラージュに。思い出を部屋に飾ります

リビングの一角をギャラリーにし、家族の写真を飾っています。写真コラージュを額装したもので、私の手づくり。10年ほど前、姪の家で見かけ、「記念になる！」と思って始めました。思い出を眺める暮らしは楽しく、見るたびに微笑んでしまいます。

写真を撮るのが好きで、アルバムに貼るつもりで取っておいた写真がたくさんあります。娘たちからプリント写真をもらうことも。そんな未整理の写真の束が、段ボール箱に半分くらいあるでしょうか。これらを整理するのにも、写真コラージュはぴったり。スマホに保存した画像もプリントし、写真の束に加えます。

写真コラージュでは、まずテーマを決めます。孫、家族、誕生日会など。テーマに合った写真を集め、1枚ずつ手に取って、残したいものを切り出していきます。いきいきとした表情、ユニークなポーズ、おいしそうな料理……。はさみで切り出したら台紙の上に並べ、おおよその構図を決めます。裏にのりを塗って貼っていき、隙間を埋めていきます。作業をしている最中も、思い出が蘇って楽しい時間を過ごせます。

それに、私が亡くなったあとの、処分が簡単だと思いませんか？　残された家族が大量のアルバムを整理するのは大変なこと。写真コラージュならコンパクトで、保管や廃棄の負担が少ないのも、気に入っているポイントです。

人物写真がメインなので、余計な背景はカットし、人型に切り出します。表情がイマイチのものは処分

テーマ別に額に入れて飾ります。写真コラージュは、つくる楽しさと眺める楽しさの両方を味わえます

第3章

日々楽しく過ごすための、心と体の整え方

老いを受け入れたら、体の声に敏感になりました

50代半ばから歳を意識しなくなり、書類に年齢を書いてもピンときませんでした。家のことを一手に担っているので、常に気が張っているのでしょう。元気でいるのが当たり前で、気持ちは若い頃のままです。

ところが60代後半からちょっとおかしいな、と思うことが増えてきました。少し前までは椅子にヒョイッと上れていたのに、そうはいかない。手羽先で唐揚げ用のチューリップをつくるのも、えいやっと力がいります。軽々と持ち上げられた布団も、どっしりと重い……。疲労がたまったときや乗り物酔いしたときは、回復に時間がかかるようになりました。

老眼にもなり、老眼鏡をつくったものの、長時間かけると頭痛がします。知らない間に度が進んで、調整が追いついていないのでしょう。新聞など細かな文字を読むときは、眼鏡型のルーペを使っています。

日差しの強い日に外を歩くと、目が疲れるようにも。UVカット入りのサングラスを買って、夏は持ち歩いています。紫外線は白内障のリスクが高まると聞くので、その予防もかねて。

手足の指に痛みが出るようになったのもこの頃です。曲げようとすると痛いのです。病院で診てもらうと、高齢女性によく見られる変形性指関節症とのこと。就寝中もじんじんと痛く、これには参りました。

パンプスを履くと指が靴に触れて痛いので、足を締めつけない靴を選ぶように。

フォーマル用の靴を探しに靴屋さんへ行ったとき、出合ったのが125ページのスニーカーです。

これは伸縮性のある柔らかい素材で、締めつけ感がなく、痛くありません。幅広の4Eタイプなのですが、そうは見えないのもお気に入り。黒ならカジュアルすぎず、行く場所を選びません。この靴ならどこまでも歩いていけそうで、外出が楽しみです。

体の衰えは気持ちでカバーしてきましたが、無理は禁物ですね。恥ずかしながら、体の異変に気づくようになって、ようやく自分の年齢を自覚するように。それからは体の声に耳を傾け、早めの対処を心がけるようにしています。

お気に入りのスニーカーはスケッチャーズ。生地の一部がメッシュなので、蒸れにくく、夏も快適です

UVカットのレンズは色の薄いものを選び、視界が明るくなるようにしました。大きめで、目をしっかりとカバー

メイクのやりすぎは禁物ですが、何もしないと年相応に見えません

息子が3歳の頃です。フルメイクした私の顔を見て、「お母さん、お化けみたい」とショッキングなことをいいました。私の顔は、ばっちりメイクをするとけばけばしくなり、老けて見えます。以来、目元や口元だけに行うポイントメイクを楽しんでいます。

印象を決める眉は、プロの手を借りています。私はきれいに描こうとすると左眉がつり上がってしまうので、眉毛サロンで左右のバランスを整えてもらっています。その通りに色をのせると、きれいな仕上がりに。いちいちアウトラインを描く必要がないので、朝も時短です。

メイクは眉が決まると安心しますね。一度眉毛サロンに行くと、眉毛が伸びても形に沿って整えればいいので、メンテナンスがラク

「ツバキオイル ヘアミルク」は黒ばら本舗のもの。「ハトムギ化粧水」はドン・キホーテで購入

肌は乾燥肌なので、洗顔料は使わず、石鹸で洗っています。そのあと、写真の「ハトムギ化粧水」を重ねづけすると、肌がモチッとしてきます。そしてオイルを1滴。ハーバーの「高品位『スクワラン』」はベタつかないので、夏も使用。一年中、この組み合わせで乗りきります。

髪は染めず、自然な髪の色を楽しんでいます。50代で白髪が交ざり始めた頃、メッシュにしたりカラーリングにしたりと、いろいろ試したのですが、だんだん白髪が黒髪を上回るようになり、自然とグレイヘアに移行。昔からショートカットなので、月1

回の美容院通いは欠かさず続けています。気になるボリュームは、リンスをやめてシャンプーだけにしたら、ハリが戻りました。

最近では、髪がパサつくとなんだか老けた印象に見えることに気づきました。噂の椿オイルを試そうと手が伸びましたが、扱いに慣れないとベタつく恐れがあると聞いたので、まずは乳液タイプから。伸びがよく、ツヤも出るのでリピートしています。

美容には無頓着で、あまり手をかけてこなかったのですが、この年齢になって何もしないと年相応にすら見えなくなりますね。そう気づいてからは、よいといわれるもので、自分に合うものがあれば、積極的に試しています。

「着てみたい！」は小さな挑戦。新たな定番が見つかる楽しみも

10年前にものの整理をしたとき、洋服をずいぶん処分しました。残ったのは、扱いやすいものや着ていてラクなものばかり。

動きやすいパンツにカットソーやニット。汚れの目立ちにくい紺やグレー。体形が出にくいハリのある素材。首元はモックネック（写真）やクルーネックなど、ちょっと詰まったもの。ふだん着るには、便利なものばかりです。

年を重ねると、「着てみたいな」と思って試着しても、似合わないことが増えてきます。好きな形なのに着てみるとずんぐりしたり、好きな色なのに顔映りが悪かったり……と、諦める要素が増えてくるのをどこかで残念に思っていました。

そんなとき、40代の長女が着ていたサロペットを「かわいい！」と思って、着てみました。左の写真のものです。胸元の深いVカットがすっきりと見え、なんだかいい感じ！　娘たちも「似合う〜！」と褒めてくれます。サロペットは人生

サロペットは昨年、ユニクロで購入。
インナーを変えて一年中着回します

ではじめてですが、70歳をすぎて新しい世界に一歩踏み出せたようでうれしくなりました。

それからは、「いいな！」と思う服も試すようになりました。似合うかどうかわからないけれど、着てみたい服を買うようにしたのです。長女に連れられて、若い世代に人気のショップにも足を運ぶように。流行のファッションは、見ているだけでワクワクします。

コーディネートがしっくりこないときは、イヤリングでごまかします。重心を上にもってくると、全体のバランスが取れるうえ、見る人の目線が上がって都合がいいな、と思うのです。

イヤリングは、似合うものを残していったら、丸い形ばかりに。夫のプレゼント、義母や娘のお下がりを大事に使っています

ワンピースはアメリカンホリックのもの。黒ベースなら落ち着いた印象で、若い世代のデザインも抵抗なく着られます

運動で続くのは効果があったもの。室内なら天候を言い訳にできません

万年ダイエッターで、チャンスがあったら、何かを始めたいと思って30年。いつの間にか痩せることより、健康を重要視する年齢になりました。自分の時間をまとまって取れるのは、どうしても夜になります。ウォーキングに出かけることもありますが、義母が心配するので、室内でできる運動を行っています。

そのひとつがステッパーで、寝室の片隅に常備。50代に一度凝ったことがあり、下半身に筋力がついて、階段を上るのがラクになりました。ハの字ステップが踏めるステッパーは、左右の重心移動で、脚やお尻に効果的。有酸素運動にもなる

ようで、1カ月で4kg痩せたことがあったのですよ。今は寝る前に15分ほど踏んでいます。

風呂上がりで体がほぐれたあとは、ストレッチも行っています。60代後半にカーブス（女性だけの30分フィットネス）に半年通って体調がよくなったのですが、そのときに教わった12種類のストレッチを続けています。柔軟性が取り戻せますし、椅子に座ったときに背筋がシャンとします。姿勢がよくなると、軽快に動けて、若々しく見える気がします。

室内での運動は天候を言い訳にできないのがいいですね。それも、続いている一因のような気がします。

ステッパーはIRONMAN CLUBのもので、ハの字のステップ台が特徴。10年ほど前に約1万円で購入

カーブスでもらったストレッチブック。肩〜アキレス腱まで、各部位をひと通りほぐします

一日の終わりは、癒しの空間で日記をつけて、気持ちの棚卸しを

10年以上続いている、ささやかな入眠儀式があります。

就寝前に間接照明をつけ、ヒーリング音楽を流す。これでなかなか寝つけない夜も、すっと眠りに落ちて、朝までぐっすり。睡眠時間をしっかり確保できます。

音楽は鈴木重子さんの『ジャスト・ビサイド・ユー』。いつも3曲目くらいで寝入ってしまう、私にとっての子守歌。あまりに心地よくて、α波が出ているんじゃないかと思うくらいです。

最近新たに加わったのが、日記をつけること。何年か前に、消したはずのガス

がつけっぱなしになっていて、鍋を焦がしたことがありました。ときどき思い出せないこともあってイライラ……。そんなイヤな気持ちを解消するために始めたのですが、あとから見返すと心がほんわかします。

孫との会話、誕生会でのできごと、買ってよかったもの……。絵を添えると、そのときの感情が湧き起こって、楽しい思い出が蘇ります。自然とペンが走り、日記の余白にはハートの花！

日記にできごとを書き出して、気持ちの棚卸しをする。イヤなことがあっても、疲れていても、翌朝には新しい一日のスタートをきれます。

オレンジ色の光に心がほぐれていきます。写真左手にたんすがあり、スタンドライトを置いて間接照明に

日記には色鉛筆も使います。紙面をカラフルに彩ると、気持ちが明るく、前向きになれます

ボサノヴァ、オールディーズ、インド音楽……。音楽で気分を整えます

キッチンの壁に取りつけた棚に、CDプレーヤーを置いています。食器棚の引き出しにはお気に入りのCDも収納。

料理をつくるときは、音楽をかけます。「さぁ、つくろう!」とやる気が出ますし、リズムにのって手がチャチャッと動きます。よく聞くのは小野リサさんの『BEST 1997-2001』。料理は楽しんでつくると、おいしくなります。

最近ハマっているのがインド音楽。友人に誘われてインド映画を観たときは、ライブ会場のような盛り上がりに驚きました。サントラ盤の『恋する輪廻 オー

ボサノヴァの魅力は長女から教わりました。『FINO〜BOSSA NOVA』はカフェタイムにぴったり

ム・シャンティ・オーム』を聴くと、テンションが上がって、モヤモヤしていたことが吹き飛びます。

ソファでのんびり過ごすときは、1950〜1960年代のオールディーズ。幼い頃、兄が聞いていたのですが、耳にするたびにノリノリに。ディスコミュージックも好きなので、ああいうリズムのよい曲調が好きなのでしょう。気分が上向きます。

音楽って不思議ですね。聞くと気分が変わって、ワクワクしたりすっきりしたり。今では気持ちを整えるのに、欠かせないツールになりました。

無心になれるものを見つけて、上手に気分転換を図ります

コロナ禍で気軽に外に出られなくなったとき、家で気分転換を図ろうとあれこれ試しました。夢中になるものがあれば、時間は楽しいものに変えられます。

こんなときぴったりなのが、部屋の模様替えです。昔から好きで、季節や気分に応じて、家具を動かしたり、布物をかけ替えたり。いつもの部屋が新鮮に見え、新しい使い方を発見することも。棚や壁のディスプレイを変えるも楽しいです。適度に体を動かすと、心地よい疲労ですっきり。

裁縫もいい気分転換になります。毎月、孫に季節の小物をつくっていたことも

あるのですよ。2月は節分の鬼、5月は行楽弁当……というふうに。来月は何つくろう？と考えるので、楽しい時間がひと月続きます。

そういえば、夜中にパンをつくったことも。映画『かもめ食堂』を観て、シナモンロールをどうしても食べたくなって。

手や体を動かすのはいいですね。目の前のことに集中できて、無心になれます。一日のうちにこんな時間があると、リフレッシュできて、明日もがんばろうと思えます。

ひと針ひと針手を動かして、刺し子のコースターをつくります。頭から雑念を追い出せてすっきり。奥は孫に贈った小物

誕生日は夕食をつくりません。一日まるっと自由時間に

誕生日は毎年、好きなように過ごします。特別なお祝いごとをしようと考えてみたものの、何も浮かびません。お気に入りのお店へ出かけるか、たまっていた家仕事を片づけるか……。なんともかわいいプランです。

この日ばかりは夕食をつくりません。献立を考えなくていいのは、なんてラク！　朝から「今日の夜はお弁当」と決めてしまえば、気がかりがなくなり、一日思う存分に楽しめます。

まずは、インテリアショップへ足を運び、気になっていたものを物色。ついで

町へ出かけるときは、両手が空くショルダーバッグを。気になったものを見つけたら、手に取ってインテリアのヒントを探します

に目新しいものはないかと、店内をパトロールします。１００円ショップや輸入食材店に足を延ばすことも。午後になるといつもは「今日、何つくろう？」と頭の中がぐるぐるし始めますが、今日はそれもなし。楽しいことでいっぱいです。

早く帰宅したときは、先延ばしにしていた家仕事を片づけます。服の繕いや整理など、チェックリストの残りをやり終えると、気分がすっきりします。

私の誕生日は3月3日で、娘たちが幼い頃は雛祭りを祝っていました。でも夫は忘れず花やワインをプレゼントしてくれます。誕生日が覚えやすい日でツイていました。

第4章

家族がお互いHAPPYでいられる心がけ

義母と同居して42年。なんでもいい合える関係が理想です

29歳で同居を始めて42年。97歳の義母はなんでも自分でこなし、生活のほとんどは自立しています。

私がお手伝いできることといえば、食事や入浴の見守り、通院や往診のつき添いくらい。部屋の掃除もお掃除テープを使って、自分でしています。義母の年齢を知る周囲から「大変ね」といわれるたびに、気恥ずかしくなります。

ユーチューブをご覧になった方に「どうすればあんなにやさしくできるのですか?」といわれることがありますが、辛く当たって反省することもあるのです。

たとえば昨年7月、私がめまいで倒れたときのこと。義母がりんごを持って、

お見合いの席での第一印象は「この人が母親だったらいいなぁ」でした

寝室がある上階に上がってきました。その頃義母は足の怪我を抱え、歩くのがやっと。私は義母に何かあったら大変だと思い、怒ってしまったのです。

その動画を撮影するうちに気持ちが落ち着いて、「どうしてあんなことをいったんだろう」と後悔しました。動画の撮影が冷静になるいい機会になっているのですね。そんな気持ちで作業をしているから、人目にはやさしく映るのかもしれません。だから、何かに書き出すなどしてひと呼吸おけば、気持ちが収まるような気がします。

ひどい喧嘩をしたときは、寝室に向かう階段の一歩目でつぶやきます、心のなかで。「おばあちゃん、ごめん」「私、怒ってしまったわ」って。すぐに謝ればいいんでしょうけど、それができないのも人間。

翌朝キッチンに下りていくと、「昨日はいいすぎたわ〜」と義母。私のつぶやきが聞こえていたのかな？　とドキッとします。私は「なんのことー？」ととぼけて返す。照れがあるのですね。お互い、ずっとこのままではいられないのはわかっているので、すっと収まります。

自立心が強い義母は「私に迷惑をかけられない」という気持ちがあり、愚痴もあまりこぼしません。でも私は、なんでもいってほしい。甘えてもらいたいと。
実母を早くに亡くした私は、そんなふうに思っています。

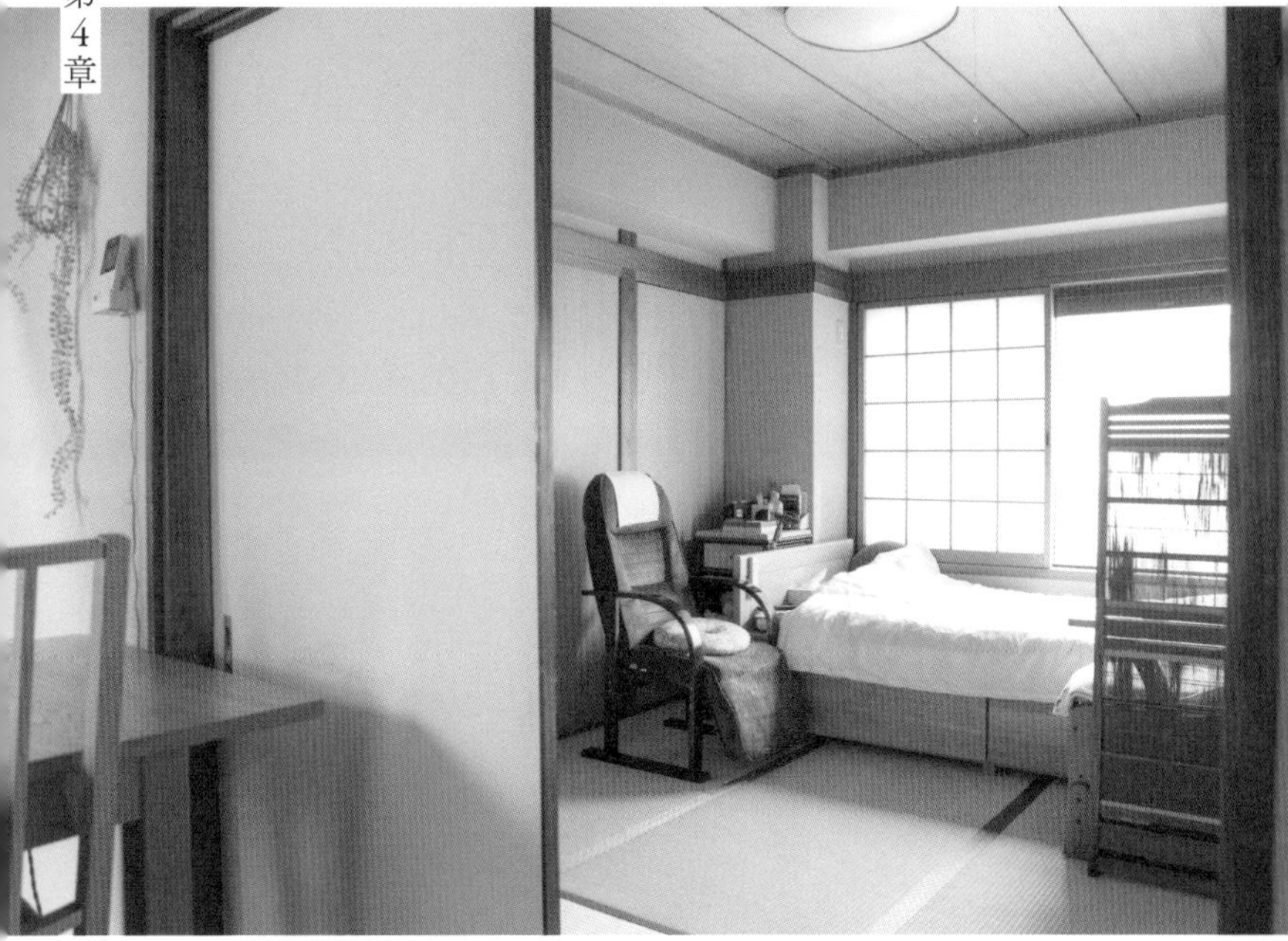

キッチンの隣が義母の部屋。きれい好きで、最近テレビショッピングでコードレス掃除機を購入。ついたての向こうにはポータブルトイレを

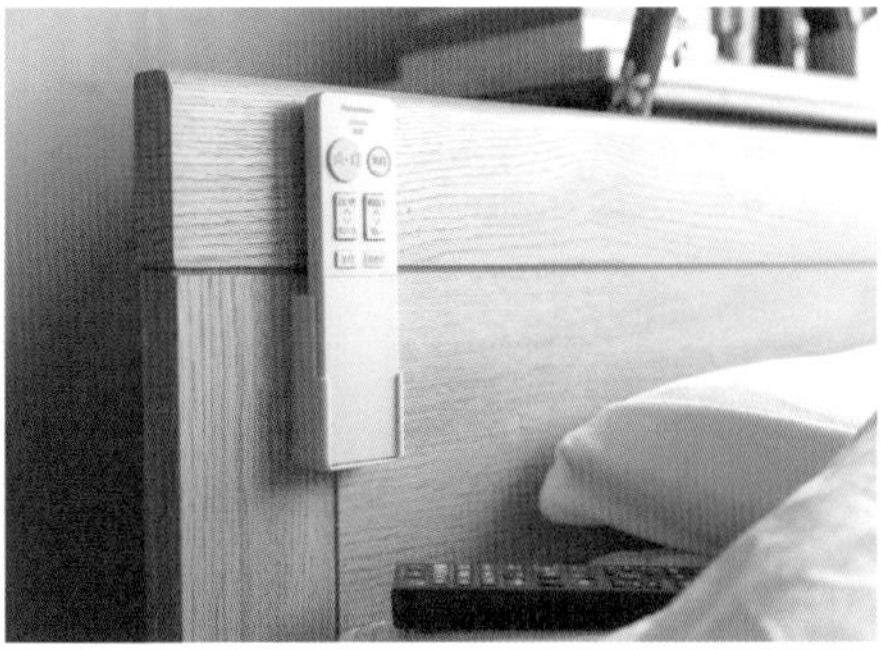

照明は、横になったまま操作できるよう、リモコンをベッドヘッドに取りつけました

夕食の後片づけのあと、家族をお茶に誘います

夕食の後片づけのあと、ときどき、義母と夫に「お茶しない？」と声をかけます。といっても、買い置きのお菓子を出すくらい。マグカップにインスタントコーヒーを入れてお湯を注ぐと、立ち上る香りにほっとします。

「ご飯を残さず食べられたかな」「ちゃんと噛みきれるかしら……？」

夕食中は食事の様子が気になり、会話も少なめです。また、そのあとに片づけが待っていると思うと、どこか気ぜわしく、お店でいうと営業中の気分。でもキッチンをリセットしたあとは、心底リラックスできます。

お菓子のおかげで気持ちがほわっとし、会話も弾みます。食事と違って「はい、終わり〜」とパッと切り上げられるのもいいところ

「さっき、ご飯食べたばっかりなのに、こんどはおやつ？」と笑いながら、好きなお菓子に手を伸ばす義母。糖質制限中の夫も「まぁまぁ、甘いもんは別腹っていうし」とパクリ。とても和んだ感じで、私はこの時間が大好きです。

今日あったできごとを話したり、通院やデイサービスの予定を伝えたり。親戚や子どもたちがかけてくる電話に代わる代わる出て、近況を伝え合うことも。一日の用事を終えたあとは、話にゆっくり耳を傾けられる余裕があり、家族のコミュニケーションのいい機会になっています。

義母のデイサービスを後押しする、ピンクのカットソー

義母が足指の怪我を患ったのは、昨年の冬のこと。一時は歩行が困難で、外出もままなりませんでした。

たまには外の空気を吸いたいだろうと、車椅子を借りることを提案すると、「あなたには迷惑をかけられない。息子が押してくれるんだったら」という条件つきで承諾。それからは、晴れた日の散歩が3人の楽しみになりました。

毎日足指の手入れをする必要があったので、お手伝いを買って出ます。たらいにお湯を張り、義母の足指をやさしくさすり、タオルで拭いて消毒液やクリームを塗る。そんな日が一年くらい続いた頃、義母はゆっくりゆっくり歩けるように

なりました。

そろそろ、ふだんの生活を取り戻す時期です。お世話になっているケアマネージャーに連絡を取り、一緒にデイサービスの計画を立てます。

「おばあちゃん、前に行っていたデイサービス、再開しようか？」

「あれからずいぶん経つから、忘れられているかもしれないわ……」

不安げな義母の声を聞いた私は、デイサービスの担当者に電話をかけ、義母を誘ってもらうようお願いします。

「おばあちゃん、覚えていますよ！　また会えるのを楽しみにしています！」

新しい服に袖を通すのは気持ちよく、一歩踏み出す勇気をくれます。
体操で腕を上げても腹部が見えない、着丈が長めのものを選びます

玄関には靴の着脱を助ける椅子を。足の怪我が治って久しぶりに歩いて外に出た義母は、「あぁ気持ちいい!」とうれしそうでした

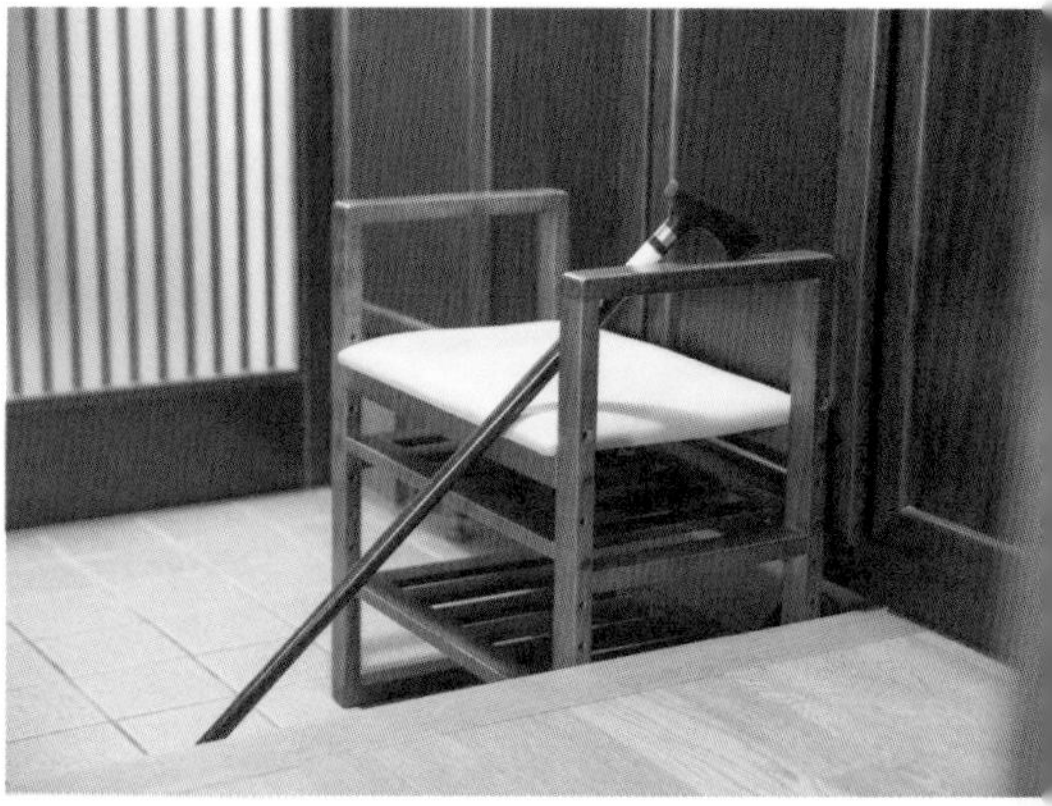

それを聞いた義母はパッと目を輝かせたあと、こう続けました。「デイサービスに着ていく服がない……」。

そうだった！　背の高い義母は手足が長く、着丈や袖丈が合う服を探すのに、いつも苦労していたのです。そのことが、デイサービスへ行く二の足を踏ませていたよう。

近所のスーパーの2階にある婦人服売り場へと走ります。色白の義母に似合うだろうと買った、写真の淡いピンクのカットソーと黒のシックなトップス。

これで準備が整いました。義母のタイミングで、いつでもデイサービスに出かけられます。

テーブル卓球にカラオケ。夫のリハビリは一緒に楽しめるものを

夫とはお見合いをし、真面目で几帳面なところに惹かれて結婚しました。24歳のときです。あとになって私の印象を聞くと、「好奇心旺盛で行動力があるところがよかった」と。性格は真逆で、お互いにない部分を補い合いながら、関係を築いてきたように思います。

そんな夫が職場に向かう途中で脳梗塞になったのが、今から9年前の65歳。ちょうど会社に電話をかけている最中で、発見が早かったのが救いでした。懸命のリハビリを経て体はずいぶん回復したものの、一部に麻痺が残って、自由が利きません。

リハビリを家で続けようとしても、ひとりではなかなか難しいもの。そこで、ふたりでできるものをやってみることにしました。一緒にやれば機会をつくりやすいし、楽しいものになるのでは？　と考えたのです。

まずは、私たちにとってなじみのあるスポーツ、ボーリングです。若い頃にちょくちょく行っていたので、勝手がわかっています。足を広げて上体を支え、腕を大きく振る動きは、ふだんあまりしないので、よい全身運動になります。膝や股関節など関節を動かすトレーニングにも。

カラオケもいいリハビリになるのですよ。ろれつがうまく回らないと、歌詞に歌が追いつかないのですが、2時間も歌っていればだいたいそろってきます。まぁほとんど夫が歌っているのですが、私も少しは歌います。ちなみに、夫は千昌夫さんの「北国の春」、私は小林幸子さんの「とまり木」が十八番。大きな声を出すと、気持ちもすっきりしますね。

コロナ禍には、二女が送ってくれた卓球道具で、テーブル卓球にもチャレンジしました。卓球台は、なんとダイニングキッチンの食卓。やってみるとわかりますが、腕力はもちろん体幹も鍛えられます。夫は、「動体視力を養うのにもいい!」といっています。

お互い失敗ばかりで、球を拾っている時間のほうが長いのでは? とも思うのですが、お腹がよじれるくらい笑うのもいいんですよね。リハビリも楽しいから続くのかな、と思っています。

ラリーの最長は20回。テーブルを買ったときは、卓球台にするなんて思いもしませんでした。伸長式で最大180㎝になります

卓球の道具はかごにまとめ、家電棚のいちばん上に収納しています。道具はJeborのもので2500円くらいで購入

夫婦ふたりで過ごす時間をつくれば、喜びは倍になります

65歳で仕事をリタイアした夫は、今でもときどき親戚の仕事を手伝いに出かけます。一方の私は、家の用事にユーチューブの撮影が加わり、慌ただしい毎日……。案外すれ違いが多いことに気づき、一緒に過ごす機会をつくろうと考えました。

まっさきに浮かんだのはＤＩＹです。43歳で揚げ物屋を閉めて、まとまった時間ができた私は、ガーデニングにハマりました。屋上いっぱいに鉢やプランターを並べ、季節の花やハーブを栽培。次第に花台やラティスをつくるようになり、ＤＩＹの楽しさを知ります。

アイデアはどんどん湧いてくるのですが、形にするとなると難しい……。助けを求めたのは夫でした。長年、機械整備の仕事に携わっていたため、手先が器用で何事もきっちり。私の頭の中の完成図を見事に形にしてくれます。休日は「どこ行こう？」より「何つくろう？」が夫婦の合言葉になりました。

いつしかDIYがふたりで過ごす貴重な時間になりました。キッチンの棚を使いやすく改造したり（P164）、居酒屋風カウンターやまな板ホルダーをつくったり。一緒に何かをつくる作業は楽しく、完成したときの喜びもひとしおです。

夫が脳梗塞で倒れたあとは、毎月一日に氏神様に参拝するようにもなりました。氏神様の前で手を合わせると、心が洗われます。神社への行き帰りは自然と健康や家族の話になり、その時間もまた楽しいものです。

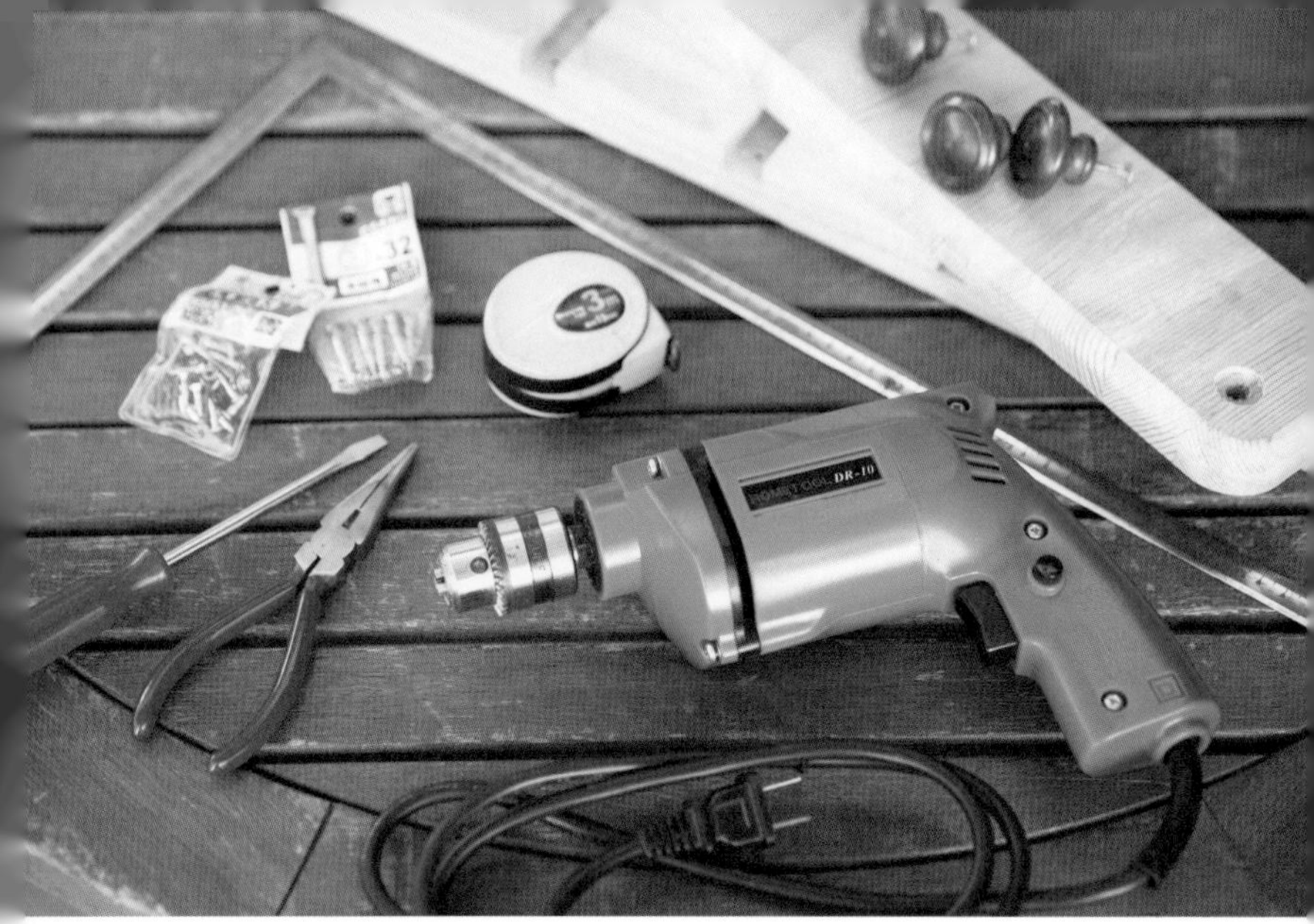

夫の大工道具のほんの一部。処分する家具で使えそうなパーツは残しておきます

キッチンの収納棚に、お盆を分けて収納できるL字棚や電気ケトルを引き出せるスライド式棚を取りつけました

息子と娘ふたり。幸せのカタチは人それぞれです

25歳で息子を授かり、その後2人の女の子に恵まれました。

子どもたちが幼い頃は、7人家族の世話と揚げ物屋の仕事が忙しく、あまりかまってあげられませんでした。親としては、心のどこかでずっと、申し訳ない気持ちを抱えていたのです。

その話を最近二女にしたところ、「休日は家族で出かけたり、イベントのたびに大盛り上がりしたりしたので、全然寂しくはなかった」と。「勉強しろとか何がダメとかいわれず、プレッシャーがなくてよかった！　自由に育った」という

から、不思議なものです。息子が3歳の頃には義父母と同居を始めていたので、ふたりの影響もあるのでしょう。

娘たちに孫が生まれてからは、埋め合わせの意味もあるのでしょうか、すっかり孫をかわいがるおばあちゃんになりました。仕事や子育てに追われた20~40代に比べると、70代の今は心と時間に余裕があります。孫が遊びに来るたびに、あれこれと世話を焼きたがるのは、どんな親も同じかもしれませんね。

3人の子どもたちは、今40代。それぞれ性格が違うので、つき合い方も自然と異なります。姉妹と服を買いに行っても、入る店から違うのでおもしろい！ 姉は若い子が好むようなお店に躊躇なく入っていって、冒険を楽しむタイプ。妹はどちらかというと堅実派で、似合う服を見つけるのが上手。どちらも体験できる

わが家の雛人形は、長男が保育園でつくったもの。乳酸飲料の容器に紙粘土を巻きつけています。私の柩にはこれを

私は、幸せですね。若い世代がもたらす情報やアイデアに、刺激をもらっています。

一緒に暮らす息子は、根がやさしくて、家族思い。朝早くから夜遅くまで働いていて、本当に頭が下がります。仕事や趣味が充実している姿をそばで見られるのは、頼もしいし、うれしい。

でも本音をいえば、自分の家庭をもってほしいと願っていて、いつだったか「家庭っていいものよ。結婚しないの？」と聞いたことがあるんです。私自身が結婚で幸せをつかん

早朝にコーヒーとりんごを用意して寝室に戻ります。あとで息子が飲み干したマグカップを見て安堵の気持ちに

だので、息子にもそうなってほしいという思いがあったのですが、今思えばちょっと軽率だったかもしれません。

この本の制作で子どもたちと話す機会があり、気づかされました。何が幸せかなんて、人それぞれ。みんな元気で、ひと声かければ家族が集まる。親としては、十分幸せ。子どもたちには、感謝の気持ちを伝えたいです。

第5章

「これから」を明るく生きる、準備と計画

毎日の習慣と毎年の検査。健康のために続けています

丈夫が取り柄で、病気とも縁遠いせいか、自分の健康を過信してきたきらいがあります。ですが、ここ数年は、季節の変わり目に調子を崩すことが増えてきました。寒暖差に体がうまくついていかず、めまいがしたり、胃が痛くなったり。この年齢で何もしないと体力は落ちるばかりなので、できることを暮らしに取り入れるようになりました。

朝起きるとまず、血圧を測ります。高血圧で血圧を薬でコントロールしているため、ちゃんと効いているかどうかをチェックします。何かあったら、月1回通院しているかかりつけ医に相談。ここでは定期的に血液検査も行っています。

朝食後に白湯を一杯。すーっと流れ落ちたあと、胃が温かくなるのを感じます。白湯を飲む習慣は義母から教わりました

夫も脳梗塞を発症したあと、季節によって血圧が不安定に。専用のノートを用意し、朝昼晩と記録しています。血圧計は病院と同じ腕置き式を選び、枕元にスタンバイ。正しい姿勢でリラックスして測れるので、誤差が少ないです。

朝食にはチーズをひとつ。これはカルシウムを補って、骨粗しょう症を予防するため。義母はヨーグルトを食べない日があっても、チーズは絶対に欠かしません。気軽に食べられるよう、ひと口サイズのチーズを冷蔵庫に

QBBのベビーチーズはアーモンド入りやカマンベール入りなど、味がバラエティに富んでいて、毎日食べても飽きません

ストックしています。

朝食がすんだら、電気ケトルで沸かした白湯を飲みます。二女から聞いたのですが、内臓が温まって働きが活発になるそう。実際、飲むと体の調子がいいです。喉が渇いたときも、水やお茶の代わりに白湯を飲んでいます。

病院嫌いの困った性格なのですが、一年に1回は胃の内視鏡検査も受けています。きっかけは義姉の誘いで、ピロリ菌の検査に行ったこと。胃カメラを飲み込むのが苦手で、長

胃と大腸の内視鏡検査は今年で3年目。ひとりでは重い腰が上がらない検査も、だれかと一緒だと行きやすくなります

い間検査から遠ざかっていたのですが、鎮静剤で寝ている間に検査がすむので苦しまずにすみます。

その後、病院の勧めもあって、大腸の内視鏡検査も行っています。最初は良性のポリープがいくつかあったのですが、検査中の除去できれいに。

ストレスが胃にくるタイプですし、大腸がんは女性もかかりやすいと聞くので、毎年受けておくと心の安心につながります。

無駄を省いてお得を取り入れる。「減らす」スピードをゆっくりに

いわゆる老後二千万円問題が世間を騒がせています。先々のことを考えると不安が募るので、今使っているお金を「見える化」し、無理のない範囲で節約を心がけています。

わが家の場合、家計の多くを占めるのが食費。自炊を心がけ、日々の買い物はなるべく現金払いにしています。現金のほうが使った実感が持て、節約意識が働いて、余計なものを買い控えるようになります。

クレジットカードは、たとえばストック品のまとめ買いなど、機会を決めて使

カードは厳選して持つよう、財布のカード入れは必要最小限に。中身はこまめに整理します

っています。そうすると、つい使いすぎてあとから後悔……なんてことがありません。

買い物は一般的なスーパーと業務用スーパーの2店舗に決め、ポイントを貯めています。貯まったポイントはレジで支払いに充てます。お店をしぼると、値下がりの時間帯や商品が入れ替わるタイミングがわかるので、何かとお得に出合えます。

光熱費はここのところの値上がりで、見直すようになりました。とくに電気代。テレビをだらだらと見るのはやめて、時間を決めるように。冷暖房もなるべく夫と同じ部屋で過ごし、エアコン1台ですませます。滞在時間の少ない寝室にはエアコンを置かず、夏は扇風機、冬は電気ヒーターを使用。就寝時も冬はネックウォーマーを使用し、ヒーターのつけっぱなしは控えています。洗濯も二日に一度、まとめてするようになりました。

固定費で気になっていたスマホ代は、なんと、夫婦で月3000円ほど下がったのですよ。夫の端末が壊れたのを機に、キャリアか

冬場寝るときは電気ヒーターを切り、ネックウォーマーで首元を温めます。マフラータイプは筒状に比べて着脱がラク

ら格安に変更。私はもともと格安だったので、ふたりそろったことで家族割が利用でき、ずいぶん安くなりました。

レジャーはシニア割を活用しています。私が住んでいる自治体が運営する有料の公園や動物園、博物館は、年齢を証明すれば70歳以上は安くなります。半額以下のところもあって、とってもお得。民間のボーリング場やカラオケ施設も、曜日や時間を限定したシニアデーがあり、少し安くなります。

こんなふうに、無駄に感じることがあったらそのつど見直し、お得な情報は積極的に取り入れる。お金を減らすスピードを「ゆっくり」にすることで、将来の不安を小さくしています。

夫も自分で簡単な食事を用意できるようにします。まずは卵焼き

結婚以来、わが家の料理担当は義母と私。夫はもっぱら「食べる人」なので、ある日こういいました。

「少しは料理をしてよ」。すると、「卵焼きくらいなら、できるよ」と夫。

何年も前から聞いたセリフですが、つくるのを見たことがありません。「ほんとに？　じゃあ、やってもらおうじゃないの！」と夫の料理姿をユーチューブで流したところ、大きな反響がありました。

パンとフルーツとヨーグルトですませることも多い朝食ですが、この日は卵焼きにウインナーつきの豪華版。フライパンに卵液を流し入れたら、左手にフライパン、右手にフライ返しを持って、そろそろと卵を裏返します。夫は脳梗塞の後遺症で手が動かしづらいのです。

りんごやバナナもカットし、お皿に卵焼き、ウインナー、キャベツのせん切り、トーストを盛りつけます。食後の皿洗いまできっちりこなすところは夫らしい。

「少しは料理をしてよ」

私がそういったのは、ふだんの食事を手伝ってほしいからではありません。簡単な食事を自分で用意できるようになれば、私に何かあっても安心だからです。

卵焼きは幼い頃、義母がつくっているのを見て、自然と覚えたそうです。ついつい口や手が出そうになりますが、そこは我慢

75歳で終活を本格始動。処分に困らないものだけを残します

75歳になったら、終活を加速しようと考えています。80代に持ち越すには体力に自信がありません。できることからボチボチ始めます。

ものの整理では、大きなものから取りかかります。まずは婚礼ダンスで、寝室に2竿、廊下に1竿あります。扉を外したり、棚板を増やしたりと使いやすく改造し、とことん使いきったので「お疲れさま」といつでも手放せます。

いくつか取ってあった子どもの作品は、収納スペースを取らない版画や切り絵を残します。アルバムは3冊。自分のもので家族に迷惑をかけたくないので、処

分に困らないものだけを残すつもりです。

人間関係は、60代後半からずいぶんスリムになりました。知人へのお中元やお歳暮は先方より「お互いに終わりにしませんか?」と申し出があり、そうすることに。娘たちの嫁ぎ先とは昨年連絡を取り合って、やめることにしました。

年賀状は夫の担当ですが、私のきょうだいとは昨年暮れに電話で話し、今年から出さないことに。友人とはスマホのメールで年始の挨拶をしています。

整理が進むと、不思議と新しいことを始めたくなりますね。ウォーキングを習慣にする、畑仕事をする……。終活が未来を考えるいい機会にもなりました。

婚礼ダンスは寝室で収納に使っています。右側には衣類、左側には本や書類を。義母からの贈り物なので、処分はよく相談してから

手元に残した子どもの作品とアルバム。アルバムは家族、新婚旅行、二女がつくった夫の還暦祝いの3冊

先延ばしにはできないから、エンディングノートに夢を書きました

私は今71歳。人生の大先輩、97歳の義母と暮らし、自分の20年後を想像してみることがあります。

年の近い夫とは、どちらかひとり、生活の自立が難しくなったら、施設か病院に入ろうと話しています。本音をいえば最後まで家で過ごすのがいいのですが、そうなると離れて暮らす娘たちが世話をしに来るので、迷惑をかけたくありません。亡くなったあとの葬儀については、家族と身内だけの小さなものを希望し、準備を進めてきました。

29年前に義父を見送ったあと、冠婚葬祭会社で義母と夫の葬儀代の積み立てを始めたのです。義父の葬儀で勝手がわからなかった私たちは、葬儀会社のいうままに葬儀を進め、その後の請求額に驚いたことがあります。そうはならないよう葬儀会社を選び、葬儀代も支払いを終えています。

その会社から、エンディングノートをもらっています。ノートには、病気の告知、介護の希望、延命治療などを書く欄もあって、なかには答えづらい内容もあります。もらった

夫はエンディングノートを書くうちに、記憶に濃淡があることに気づいたといいます。「濃」のことをしっかり書き留めたそう

ときはまだ若く、何をどういうふうに書いたらいいのかわからず、いつかいつかと先延ばしになっていました。

最近じっくりと読んでみたら、これ一冊あれば私自身のことがよくわかるようになっていました。また、保険や銀行など重要書類のありかについて、夫と共有できていないものが判明し、保管場所を伝えるいい機会にも。

書き終えた今では、安心感が生まれました。自分がいつどうなっても、家族がこのノートを見れば自分のことをわかってくれる。元気なうちに書いておいてよかった、と思っています。二女も、「今ならデリケートな話もズバズバ聞けるね」とほっとした様子。

エンディングノートには夢を書く欄もあります。

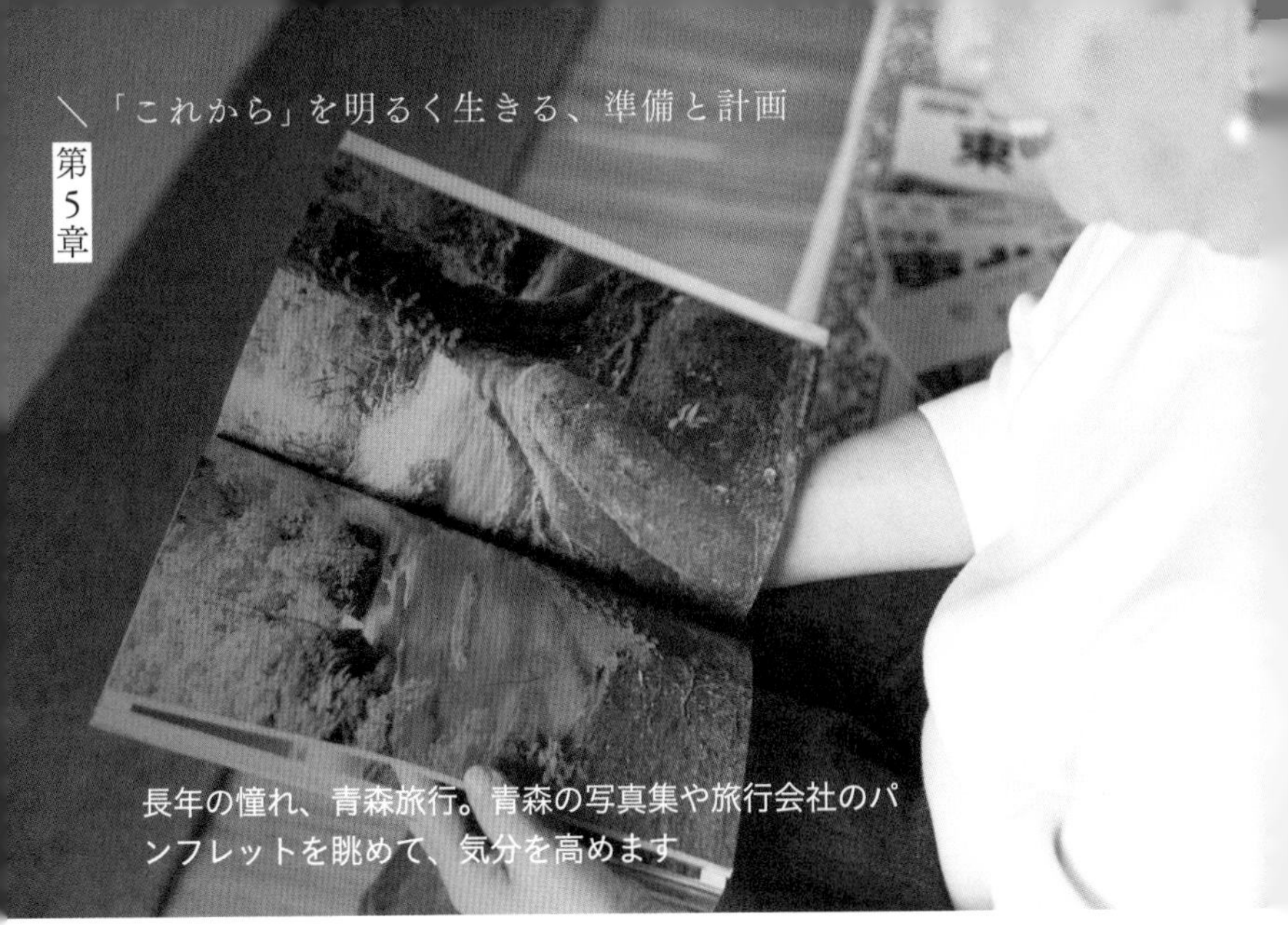

長年の憧れ、青森旅行。青森の写真集や旅行会社のパンフレットを眺めて、気分を高めます

そこに書いたのは、「夫と青森に旅行に行きたい」。山々が連なる広大な風景は憧れで、昔から行ってみたいとふたりで話していたのです。できれば体力のある70代のうちに。

万が一の備えもこれからの夢も、文字にすることで、俄然現実味を帯びてきました。具体的なプランが決まったことで、明日に向かって歩く前向きさが生まれてきたのです。

おわりに

今年の3月で71歳になりました。69歳から70歳になったときは、高齢受給者証の「高齢」の二文字に大きなショックを受けました。今では70代という響きにも慣れ、自分の年齢を気にすることもなくなりました。気持ちはいつも若いままです。70代なりの生き方をがんばろうと思います。

ユーチューブを始めたことで、気持ちの面では以前より元気になりました。毎日同じことを繰り返す生活に不安を感じることもありましたが、撮影に意識を切り替えた途端、そんな不安は消え去ります。勢いで始めたユーチューブが生活の励みになり、今では生きがいになりました。

家の雰囲気もがらっと変わりました。高齢の大人ばかりで暮らす私たち。とくに義母は90代になって体力の衰えが目立ち、いちばん若い息子も健康に気をつけなければならない年齢です。そんな私たちがユーチューブで盛り上がっていることが、不思議でおかしい。静かな家に舞い込んできた希望に感謝しています。

本当に、この歳でこんなに楽しいことが待っているなんて、夢にも思いませんでした。エンディングノートには、「体が動く限り、ユーチューブを続けたい」と書きました。そのためにも、家族全員が健康でいられるよう、毎日を大切にしていきたいです。

生きがいになるきっかけをつくってくれた孫、いつも撮影に協力してくれる義母と夫、息子、アイデアを授けてくれる娘たちに感謝しています。「自分の好きなことでがんばれてよかったな」と応援し、楽しく暮らしているのを喜んでくれてありがとう。

そして、このような素晴らしい機会に恵まれたのは、ユーチューブで応援してくださっている皆さんのおかげです。おひとりおひとりにお伝えしたい。ありがとうございます。この本が少しでもお役に立てることを心から願っています。

最後になりましたが、並々ならぬ集中力とお気遣いでこの本をつくってくださったエディターの浅沼亨子さん、ワニブックスの森摩耶さん、デザイナーの細山田デザイン事務所さん、そして私たちの家を魔法のように美しく撮影してくださったカメラマンの吉村規子さんに、心より感謝申し上げます。

もののはずみ

もののはずみ

1952年生まれの71歳。24歳で結婚し、一男二女を授かる。29歳で義父母との同居を始め、家族7人で暮らす。長女妊娠中に義姉と揚げ物屋を開いたが、阪神淡路大震災の被災を機に閉店。42歳で義父を見送り、現在は義母（97歳）、夫（74歳）、長男（46歳）の4人暮らし。3年前、孫のユーチューブを見て、「おもしろそう！」と『もののはずみ』を開設。愛情のこもった料理と暮らしを楽しむ姿が共感を呼んでいる。現在の登録者数は6万人超。

もののはずみ
https://www.youtube.com/@mono-no-hazumi

STAFF

編集・文　浅沼亨子
撮影　吉村規子
デザイン　細山田光宣　狩野聡子
（細山田デザイン事務所）
校正　東京出版サービスセンター
編集　森 摩耶（ワニブックス）

71歳、
74歳夫と97歳義母と
大人だけで楽しく暮らす

著者　もののはずみ

2023年7月 7 日　初版発行
2023年8月10日　2 版発行

発行者　横内正昭
編集人　青柳有紀
発行所　株式会社ワニブックス
〒150-8482
東京都渋谷区恵比寿4-4-9　えびす大黑ビル
ワニブックスHP
http://www.wani.co.jp/

お問い合わせはメールで受け付けております。
HPより「お問い合わせ」へお進みください。
※内容によりましてはお答えできない場合がございます。

印刷所　凸版印刷株式会社
製本所　ナショナル製本

※本書に掲載されている情報は2023年5月時点のものです。
※本書の家事や収納方法を実践していただく際は、建物や製品の構造や性質、注意事項をお確かめのうえ、自己責任のもと行ってください。

ISBN 978-4-8470-7324-3